コミック版 日本の歴史51

戦国人物伝 直江兼続

The Legendary Heroes of the Era of Wars
Kanetsugu Naoe

企画・構成・監修：加来耕三
原作：安戸ひろみ
作画：中島健志

《おもな登場人物《とうじょうじんぶつ》》

上杉景勝《うえすぎかげかつ》

越後国《えちごのくに》の戦国大名《せんごくだいみょう》。長尾家《ながおけ》に生《う》まれ、父《ちち》の死《し》を機《き》に叔父《おじ》・上杉謙信《うえすぎけんしん》の養子《ようし》となる。謙信《けんしん》亡《な》きあと、同《おな》じく養子《ようし》であった景虎《かげとら》と上杉家《うえすぎけ》の跡目《あとめ》をめぐって争《あらそ》い、これを破《やぶ》って当主《とうしゅ》となる。越後国《えちごのくに》を平定《へいてい》したのち、秀吉《ひでよし》に臣従《しんじゅう》し、会津《あいづ》へ国替《くにが》えとなった。秀吉《ひでよし》亡《な》きあと、徳川家康《とくがわいえやす》と対立《たいりつ》する。

直江兼続《なおえかねつぐ》

上杉家《うえすぎけ》に仕《つか》える武将《ぶしょう》。越後国《えちごのくに》の樋口家《ひぐちけ》に生《う》まれる。幼名《ようみょう》は与六《よろく》。仙桃院《せんとういん》に見込《みこ》まれ、上杉景勝《うえすぎかげかつ》に仕《つか》える。のちに景勝《かげかつ》の命《めい》で、名門《めいもん》・直江家《なおえけ》を継《つ》ぐ。徳川家康《とくがわいえやす》に上杉家《うえすぎけ》の謀叛《むほん》を疑《うたが》われたおりは、「直江状《なおえじょう》」と呼《よ》ばれる手紙《てがみ》を返《かえ》した。謙信《けんしん》から受《う》け継《つ》いだ「義《ぎ》」の心《こころ》で上杉家《うえすぎけ》を支《ささ》える。

仙桃院《せんとういん》

上杉謙信《うえすぎけんしん》の姉《あね》で、景勝《かげかつ》の母《はは》。幼《おさな》い兼続《かねつぐ》を一目《ひとめ》見《み》て気《き》に入《い》り、景勝《かげかつ》の小姓《こしょう》に推薦《すいせん》する。

お船《せん》

兼続《かねつぐ》の妻《つま》。謙信《けんしん》の懐刀《ふところがたな》・直江景綱《なおえかげつな》の娘《むすめ》。夫《おっと》・信綱《のぶつな》を亡《な》くし、兼続《かねつぐ》と再婚《さいこん》した。陰《かげ》ながら兼続《かねつぐ》を支《ささ》え続《つづ》ける。

通天存達《つうてんそんたつ》

雲洞庵《うんとうあん》の住職《じゅうしょく》で、景勝《かげかつ》の伯父《おじ》。幼《おさな》い景勝《かげかつ》と兼続《かねつぐ》に学問《がくもん》を教《おし》え、人《ひと》としてあるべき心構《こころがま》えを説《と》く。

前田慶次《まえだけいじ》（利大《としおき》）

前田利家《まえだとしいえ》の長兄《ちょうけい》・利久《としひさ》の養子《ようし》。滝川一益《たきがわかずます》の実子《じっし》ともいわれる。前田家《まえだけ》を離《はな》れて上杉家《うえすぎけ》に仕《つか》え、兼続《かねつぐ》とともに出陣《しゅつじん》し、奮闘《ふんとう》する。

上杉景虎《うえすぎかげとら》

謙信《けんしん》の養子《ようし》。北条氏康《ほうじょううじやす》の七男《なん》。謙信亡《けんしんな》きあと、上杉家《うえすぎけ》の跡目《あとめ》をめぐり景勝《かげかつ》と争《あらそ》う。

石田三成《いしだみつなり》

豊臣秀吉《とよとみひでよし》の家臣《かしん》。兼続《かねつぐ》と親交《しんこう》があったといわれる。秀吉《ひでよし》の死《し》後《ご》、家康《いえやす》と対立《たいりつ》して挙兵《きょへい》し、関ヶ原《せきがはら》の合戦《かっせん》を挑《いど》む。

徳川家康《とくがわいえやす》

豊臣秀吉《とよとみひでよし》の政権《せいけん》で五大老《ごたいろう》の筆頭《ひっとう》。秀吉《ひでよし》の死後《しご》、秀頼《ひでより》の後見人《こうけんにん》として権勢《けんせい》を振《ふ》るう。景勝《かげかつ》に対《たい》して謀叛《むほん》の疑《うたが》いをかけ、上洛《じょうらく》を命《めい》じるが、兼続《かねつぐ》から送られた書状《しょじょう》（「直江状《なおえじょう》」）で拒否《きょひ》される。家康《いえやす》はこれに激怒《げきど》し、上杉征討《うえすぎせいとう》のため、会津《あいづ》に兵《へい》を向《む》ける。関ヶ原《せきがはら》の合戦《かっせん》で天下人《てんかびと》に。

上杉謙信《うえすぎけんしん》(輝虎《てるとら》)

越後国《えちごのくに》を統一《とういつ》した戦国大名《せんごくだいみょう》。法号《ほうごう》は不識庵謙信《ふしきあんけんしん》。「義《ぎ》」を重《おも》んじる謙信《けんしん》の信念《しんねん》は、景勝《かげかつ》や兼続《かねつぐ》に大《おお》きな影響《えいきょう》を与《あた》えた。

羽柴《はしば》(豊臣《とよとみ》)秀吉《ひでよし》

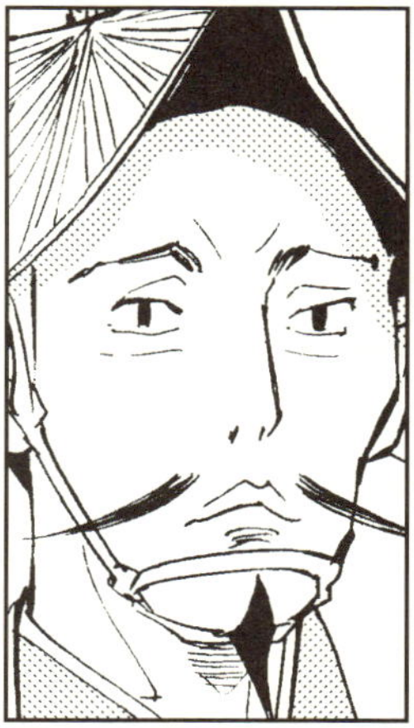

織田信長《おだのぶなが》の家臣《かしん》。信長《のぶなが》の死後《しご》、織田家《おだけ》の後継者問題《こうけいしゃもんだい》で柴田勝家《しばたかついえ》と対立《たいりつ》して争《あらそ》い、これを破《やぶ》って天下統一《てんかとういつ》を成《な》し遂《と》げる。

柴田勝家《しばたかついえ》

織田信長《おだのぶなが》の重臣《じゅうしん》。織田軍《おだぐん》の大将《たいしょう》として、手取川《てどりがわ》で謙信率《けんしんひき》いる上杉軍《うえすぎぐん》と戦《たたか》った。その後《ご》、信長《のぶなが》が亡《な》くなると、秀吉《ひでよし》と対立《たいりつ》する。

コミック版《ばん》 日本《にほん》の歴史《れきし》51

戦国人物伝《せんごくじんぶつでん》

直江兼続《なおえかねつぐ》

もくじ

※この作品《さくひん》は、歴史文献《れきしぶんけん》をもとにまんがとして再構成《さいこうせい》したものです。
※ 本編《ほんぺん》では、人物《じんぶつ》の年齢表記《ねんれいひょうき》はすべて数《かぞ》え年《どし》とします。
※ 本編《ほんぺん》では、人物《じんぶつ》の幼名《ようみょう》など、名前《なまえ》を一部省略《いちぶしょうりゃく》しております。

第一章《だいいっしょう》　軍神《ぐんしん》・上杉謙信《うえすぎけんしん》

越後国《えちごのくに》…現在《げんざい》の新潟県《にいがたけん》。雲洞庵《うんとうあん》…現在《げんざい》の新潟県南魚沼市《にいがたけんみなみうおぬまし》にある曹洞宗《そうとうしゅう》の寺《てら》。

ワーワー
永禄七《えいろく》（1564）年《ねん》
越後国《えちごのくに》 雲洞庵《うんとうあん》
長尾喜平次《ながおきへいじ》（のちの上杉景勝《うえすぎかげかつ》）は
父《ちち》・政景《まさかげ》の死《し》により 母《はは》の弟《おとうと》・
上杉謙信《うえすぎけんしん》（輝虎《てるとら》）の養子《ようし》となった
樋口与六《ひぐちよろく》 5歳《さい》
（のちの直江兼続《なおえかねつぐ》）

上杉謙信《うえすぎけんしん》…越後国《えちごのくに》の戦国大名《せんごくだいみょう》。上杉輝虎《うえすぎてるとら》。「謙信《けんしん》」は元亀元《げんきがん》（1570）年《ねん》に名乗《なの》った号《ごう》（本名《ほんみょう》のほかにつける名《な》）。

あの子《こ》は？
クー
クー
クー
喜平次様《きへいじさま》だ
誰《だれ》とも口《くち》を利《き》かぬ
変《か》わり者《もの》じゃ
長尾喜平次《ながおきへいじ》 10歳《さい》
（のちの上杉景勝《うえすぎかげかつ》）
私《わたし》は与六《よろく》と申《もう》します
喜平次様《きへいじさま》も一緒《いっしょ》に
遊《あそ》びませぬか
すたた
ニコー
……
やめとけって
与六《よろく》 むだむだ
そうかなぁ

すっ
すたすた
あっ！待《ま》って
!!
どでっ
そら言《い》わんこっちゃない
いてて……
さっ
!?
パシッ

ぞうり
あっ
おや？
……
すっ
トン
トン
喜平次様《きへいじさま》は
手先《てさき》が器用《きよう》で
ございますな
これが戦場《せんじょう》なら
お前《まえ》は死《し》んでおる
ええっ！

まあ！喜平次《きへいじ》がお友達《ともだち》と一緒《いっしょ》にいるなんて……
仙桃院《せんとういん》（景勝《かげかつ》の母《はは》）
あの幼子《おさなご》ならそばに置《お》く価値《かち》があるやもしれぬ
謙信《けんしん》の姉《あね》でもある仙桃院《せんとういん》の推薦《すいせん》で与六《よろく》は喜平次《きへいじ》の小姓《こしょう》に抜擢《ばってき》された
愛
昔《むかし》の人《ひと》は「愛《あい》して身《み》を以《もっ》て天下《てんか》と為《な》せば 乃《すなわ》ち以《もっ》て天下《てんか》を託《たく》すべし」とおっしゃった
はぁ……難《むずか》しゅうてよくわかりませぬ

小姓《こしょう》…主君《しゅくん》の側《そば》に仕《つか》えて、身《み》の回《まわ》りの雑用《ざつよう》を務《つと》める役《やく》。

愛《あい》して〜…中国《ちゅうごく》の春秋時代《しゅんじゅうじだい》の思想家《しそうか》・老子《ろうし》の言葉《ことば》。

人《ひと》は誰《だれ》でも自分《じぶん》がかわいい……ならば いっそ
雲洞庵《うんとうあん》 住職《じゅうしょく》
通天存達《つうてんそんたつ》
自分《じぶん》は天下《てんか》の何《なに》ものにも代《か》えられぬ唯一《ただひと》つのものと思《おも》うようにしてみなさい
そして自分《じぶん》の行《おこな》いをつつしむ人《ひと》になればそういう人《ひと》にこそ天下《てんか》を託《たく》すことができるという意味《いみ》じゃよ
唯一《ただひと》つの存在《そんざい》か……
……
ややっ？
お屋形様《やかたさま》 いつからそこに？
講義《こうぎ》の邪魔《じゃま》をしてはいかんと思《おも》うてな なに 様子《ようす》を見《み》に参《まい》っただけよ
越後国《えちごのくに》 国主《こくしゅ》
上杉謙信《うえすぎけんしん》(輝虎《てるとら》)

お屋形様《やかたさま》…殿様《とのさま》や奉公先《ほうこうさき》の主人《しゅじん》のこと。ここでは上杉謙信《うえすぎけんしん》を指《さ》す。

どうじゃ？しっかりやっておるか 喜平次《きへいじ》
はい
おお そちが与六《よろく》か 喜平次《きへいじ》のこと よろしゅう頼《たの》むぞ
このお方《かた》が 軍神《ぐんしん》…… 上杉輝虎様《うえすぎてるとらさま》
どうした わしの顔《かお》に なんぞ ついておるか？
わひっ!? い いいえ
うむ 二人《ふたり》とも 何《なに》か 困《こま》ったことがあれば 直江《なおえ》に相談《そうだん》せよ わしの懐刀《ふところがたな》じゃ
ペこリ
上杉家《うえすぎけ》 宿老《しゅくろう》——

懐刀《ふところがたな》…深《ふか》く信頼《しんらい》する部下《ぶか》。 宿老《しゅくろう》…武家《ぶけ》の重臣《じゅうしん》。

直江景綱《なおえかげつな》でござる
当家《とうけ》には学問《がくもん》の書物《しょもつ》が山《やま》ほどございますゆえ
読《よ》みたい本《ほん》があればこの娘《むすめ》に届《とど》けさせましょう さあ ごあいさつなさい
直江《なおえ》の娘《むすめ》で船《せん》と申《もう》します
か かわいい
謙信《けんしん》は この頃《ころ》 関東《かんとう》の覇権《はけん》をめぐって甲斐国《かいのくに》の武田氏《たけだし》と相模国《さがみのくに》の北条氏《ほうじょうし》との間《あいだ》で壮絶《そうぜつ》な死闘《しとう》を繰《く》り広《ひろ》げていたが——
越後国《えちごのくに》(上杉氏《うえすぎし》)
春日山城《かすがやまじょう》
下野国《しもつけのくに》
上野国《こうずけのくに》
信濃国《しなののくに》
常陸国《ひたちのくに》
甲斐国《かいのくに》(武田氏《たけだし》)
武蔵国《むさしのくに》
下総国《しもうさのくに》
躑躅ヶ崎館《つつじがさきやかた》
相模国《さがみのくに》(北条氏《ほうじょうし》)
上総国《かずさのくに》
小田原城《おだわらじょう》
安房国《あわのくに》
伊豆国《いずのくに》
謙信《けんしん》にとっては 失墜《しっつい》した関東管領《かんとうかんれい》の権威《けんい》を回復《かいふく》するという大義名分《たいぎめいぶん》を掲《かか》げた戦《たたか》いであり領土《りょうど》を拡張《かくちょう》しようとする武田《たけだ》・北条《ほうじょう》の両氏《りょうし》とは 戦《たたか》いの目的《もくてき》が異《こと》なっていた

甲斐国《かいのくに》…現在《げんざい》の山梨県《やまなしけん》。相模国《さがみのくに》…現在《げんざい》の神奈川県《かながわけん》の大半《たいはん》。関東管領《かんとうかんれい》…室町幕府《むろまちばくふ》の職名《しょくめい》。関東《かんとう》を治《おさ》める関東公方《かんとうくぼう》を補佐《ほさ》する役職《やくしょく》。

和睦《わぼく》…争《あらそ》いをやめて仲直《なかなお》りすること。
初名《しょめい》…最初《さいしょ》の名前《なまえ》。
法号《ほうごう》…出家《しゅっけ》した者《もの》に授《さず》けられる名《な》。

永禄《えいろく》九（1566）年《ねん》
喜平次《きへいじ》は十二歳《さい》で
謙信《けんしん》の関東出兵《かんとうしゅっぺい》に従軍《じゅうぐん》し
初陣《ういじん》を飾《かざ》る
刀八毘沙門
この時《とき》 誰《だれ》もが喜平次《きへいじ》こそ
謙信《けんしん》の正統《せいとう》な跡継《あとつ》ぎであると
考《かんが》えていた
上杉景虎《うえすぎかげとら》
ところが 永禄《えいろく》十二（1569）年《ねん》
北条氏康《ほうじょううじやす》と和睦《わぼく》した謙信《けんしん》は
翌年《よくとし》 氏康《うじやす》の七男《なん》・三郎《さぶろう》を養子《ようし》に迎《むか》え
自《みずか》らの初名《しょめい》でもあった「景虎《かげとら》」を授《さず》けた
謙信《けんしん》が 自身《じしん》の法号《ほうごう》を
「不識庵謙信《ふしきあんけんしん》」としたのも
この年《とし》のことである

越後国《えちごのくに》 春日山城《かすがやまじょう》
ハハハ
あれは景虎様《かげとらさま》？
……
あー
ゴホン
おや？

春日山城《かすがやまじょう》…現在《げんざい》の新潟県上越市《にいがたけんじょうえつし》にあった上杉謙信《うえすぎけんしん》の居城《きょじょう》。

これはこれは喜平次《きへいじ》どののお声《こえ》が聞《き》こえないのでつい素通《すどお》りするところでございました
……
しらじらしい
とんだご無礼《ぶれい》を……
のそ
しーっ聞《き》こえるわよ
牛《うし》みたい……くすっ
気《き》にしないで参《まい》りましょう
……
キャハハッ
やだもー

天正三《てんしょう》（1575）年《ねん》
春日山城《かすがやまじょう》　護摩堂《ごまどう》
臨《りん》
メラ
メラ
兵《ぴょう》
闘《とう》
上杉謙信《うえすぎけんしん》は　それまで内乱続《ないらんつづ》きだった
越後国《えちごのくに》を統一《とういつ》して産業《さんぎょう》を興《おこ》し
国《くに》を富《と》ませる一方《いっぽう》で　近隣諸国《きんりんしょこく》の
秩序維持《ちつじょいじ》にも目《め》を光《ひか》らせた
者《しゃ》
皆《かい》
陣《じん》
列《れつ》
在《ざい》
前《ぜん》
最大《さいだい》のライバルは
甲斐国《かいのくに》の武田信玄《たけだしんげん》であったが
元亀《げんき》四（1573）年《ねん》に急逝《きゅうせい》し
その死《し》を悼《いた》んだといわれている
喜平次《きへいじ》よ
そちに弾正少弼《だんじょうしょうひつ》の
位《くらい》を譲《ゆず》る
パチ　パチ‥
!!

弾正少弼《だんじょうしょうひつ》…律令制《りつりょうせい》の官位《かんい》の一《ひと》つ。戦国大名《せんごくだいみょう》の多《おお》くは、朝廷《ちょうてい》から官位《かんい》を授《さず》かっていた。

これからは「景勝《かげかつ》」と名乗《なの》るがよい
ばっ
サッ
お屋形様《やかたさま》恐《おそ》れながら申《もう》し上《あ》げます
よい申《もう》してみよ与六《よろく》
これを機《き》に景勝様《かげかつさま》をお屋形様《やかたさま》の正統《せいとう》な跡継《あとつ》ぎとすることを家中《かちゅう》にお披露目《ひろめ》してはいかがでしょうか
!!
与六《よろく》 16歳《さい》

そちは なぜ わしが
景勝《かげかつ》を跡継《あとつ》ぎにすると
思《おも》うたのじゃ
景虎《かげとら》はどうなる？
メラ
メラ
パチ
パチ
はい 景勝様《かげかつさま》に越後《えちご》一国《こく》を
景虎様《かげとらさま》には関東管領職《かんとうかんれいしょく》を
お任《まか》せするのではないかと
考《かんが》えたしだいでございます
して
その心《こころ》は？
弾正少弼《だんじょうしょうひつ》は お屋形様《やかたさま》が
越後国主《えちごこくしゅ》として正式《せいしき》に
認《みと》められ 帝《みかど》より賜《たまわ》りし
官名《かんめい》にございますれば……
ずおっ
!!

帝《みかど》…天皇《てんのう》のこと。

ぬっ
そちの申《もう》したことに対《たい》して このわしが やすやすと 相《あい》づちを打《う》つとでも思《おも》うてか？
や…… そ それは！
がしっ
よいか 仮《かり》に わしが そう考《かんが》えていたと してもだ
ギュー
ギュー
案《あん》ずるな わしは まだ当分《とうぶん》 死《し》ぬつもりはない
いや 天《てん》がわしを 死《し》なせはせぬ

出《で》すぎたことを申《もう》しました！どうぞご存分《ぞんぶん》にご成敗《せいばい》ください
ばっ
思《おも》ったことを正直《しょうじき》に口《くち》に出《だ》さずにはおれぬそち――
かたや己《おのれ》の心《こころ》を口《くち》どころか顔《かお》にも出《だ》さぬ景勝《かげかつ》
二人《ふたり》がかりでならいつかこのわしにも勝《か》てる日《ひ》が来《く》るやもしれぬな
ペこり
わっはっはっは
おっかなかった……
……
ドキドキ

畿内《きない》…山城国《やましろのくに》（現在《げんざい》の京都府《きょうとふ》）、大和国《やまとのくに》（奈良県《ならけん》）、河内国《かわちのくに》（大阪府南東部《おおさかふなんとうぶ》）、和泉国《いずみのくに》（大阪府南西部《おおさかふなんせいぶ》）、摂津国《せっつのくに》（大阪府《おおさかふ》と兵庫県《ひょうごけん》の一部《ぶ》）の五か国《こく》。

その頃《ころ》 天下統一《てんかとういつ》を狙《ねら》う 織田信長《おだのぶなが》は――
織田信長《おだのぶなが》
信長《のぶなが》の勢力範囲《せいりょくはんい》
京都《きょうと》
安土城《あづちじょう》
十五代将軍《だいしょうぐん》・足利義昭《あしかがよしあき》を 京都《きょうと》から追放《ついほう》して室町幕府《むろまちばくふ》を滅亡《めつぼう》させ 畿内《きない》をほぼ手中《しゅちゅう》に収《おさ》めていた

公方《くぼう》（義昭《よしあき》）様《さま》より 信長追討《のぶながついとう》の命《めい》が下《くだ》った
我《われ》ら上杉《うえすぎ》は これより 上洛《じょうらく》して信長《のぶなが》を討《う》つ！
おおーっ

上洛《じょうらく》…京都《きょうと》へ行《い》くこと。

天正《てんしょう》五（1577）年閏《うるう》七月《がつ》
謙信《けんしん》は 信長《のぶなが》に味方《みかた》する
能登国《のとのくに》の畠山氏《はたけやまし》を攻略《こうりゃく》するため
畠山家《はたけやまけ》重臣《じゅうしん》・長続連《ちょうつぐつら》が守《まも》る
七尾城《ななおじょう》に迫《せま》った
長続連《ちょうつぐつら》
春日山城《かすがやまじょう》
七尾城《ななおじょう》
政繁《まさしげ》よ そちには いずれ能登《のと》を 任《まか》せるつもりだ 心《こころ》してかかれ
ははっ お任《まか》せあれ
上杉家《うえすぎけ》 家臣《かしん》
上条政繁《じょうじょうまさしげ》
さて 景勝《かげかつ》よ
そちなら あの堅城《けんじょう》 どう攻《せ》める？
力押《ちからお》しでは まず無理《むり》かと……
与六《よろく》 18歳《さい》

閏《うるう》…暦《こよみ》と季節《きせつ》のずれを調節《ちょうせつ》するために、余分《よぶん》にもうけた月《つき》。

能登国《のとのくに》…現在《げんざい》の石川県北部《いしかわけんほくぶ》。

七尾城《ななおじょう》…現在《げんざい》の石川県七尾市《いしかわけんななおし》にあった城《しろ》。

堅城《けんじょう》…守《まも》りが堅《かた》い城《しろ》。

調略《ちょうりゃく》…策略《さくりゃく》をめぐらすこと。細作《さいさく》…忍《しの》びの者《もの》。

景勝《かげかつ》に聞《き》いておる
御意《ぎょい》!
調略《ちょうりゃく》……
!!
そのとおり!ここは密書《みっしょ》にて内《うち》から崩《くず》すのが得策《とくさく》でござ……
あ……いや
ふっ……じつを申《もう》さばすでに畠山《はたけやま》の内部分裂《ないぶぶんれつ》は把握済《はあくず》みよ
あとはそのおしゃべりの申《もう》すとおり文《ふみ》にて蜂起《ほうき》させればよい
さすがはお屋形様《やかたさま》細作《さいさく》を用《もち》いての情報戦《じょうほうせん》は当代随一《とうだいずいいち》だ
これなら味方《みかた》の兵《へい》の損害《そんがい》を最小限《さいしょうげん》に抑《おさ》えて城《しろ》を攻略《こうりゃく》できる!

織田《おだ》の援軍《えんぐん》が到着《とうちゃく》する前《まえ》に
なんとしても落《お》とさねばのう
はっ
九月《がつ》十五日《にち》 謙信《けんしん》は かねてより 続連《つぐつら》に不満《ふまん》を持《も》つ 畠山家重臣《はたけやまけじゅうしん》・遊佐続光《ゆさつぐみつ》ら城将《じょうしょう》を 寝返《ねがえ》らせて 七尾城《ななおじょう》を攻略《こうりゃく》した
すでに出発《しゅっぱつ》していた織田軍《おだぐん》は 落城《らくじょう》したことを知《し》らぬまま 七尾城《ななおじょう》を目指《めざ》していた
七尾城《ななおじょう》
魚津城《うおづじょう》
松任城《まっとうじょう》
手取川《てどりがわ》
織田軍《おだぐん》
進軍路《しんぐんろ》
大将《たいしょう》は織田家筆頭家老《おだけひっとうがろう》・柴田勝家《しばたかついえ》――歴戦《れきせん》の勇士《ゆうし》である

城将《じょうしょう》…城《しろ》を守《まも》る大将《たいしょう》。

筆頭家老《ひっとうがろう》…大名《だいみょう》の家臣《かしん》の最高職《さいこうしょく》である家老《かろう》のなかで、第《だい》一番目《ばんめ》の地位《ちい》。

長篠《ながしの》…天正《てんしょう》三（１５７５）年《ねん》、織田信長《おだのぶなが》・徳川家康《とくがわいえやす》連合軍《れんごうぐん》と武田勝頼軍《たけだかつよりぐん》が戦《たたか》った、長篠《ながしの》・設楽原《したらがはら》の合戦《かっせん》のこと。

松任城《まっとうじょう》…現在《げんざい》の石川県白山市《いしかわけんはくさんし》にあった城《しろ》。

織田軍《おだぐん》は鉄砲隊《てっぽうたい》を組織《そしき》して
お屋形様《やかたさま》も手《て》を焼《や》いた
あの武田軍《たけだぐん》を長篠《ながしの》で さんざんに
打《う》ち負《ま》かしたそうじゃ
あれが織田《おだ》か
我《われ》ら上杉《うえすぎ》には 織田《おだ》と 互角《ごかく》に渡《わた》りあえるほどの 鉄砲《てっぽう》など ありゃせんが……
お屋形様《やかたさま》は いったい どう戦《たたか》いなさる おつもりじゃろうか
数日後《すうじつご》 加賀国《かがのくに》 松任城《まっとうじょう》
ベベベン
そうか…… 織田《おだ》の軍勢《ぐんぜい》がついに 手取川《てどりがわ》を越《こ》えたか
ベベン
お屋形様《やかたさま》 下知《げち》を
賢《さか》しらなり 与六《よろく》！

手取川《てどりがわ》…現在《げんざい》の石川県南西部《いしかわけんなんせいぶ》を流《なが》れる川《かわ》。

下知《げち》…下《した》の者《もの》に指図《さしず》すること。命令《めいれい》。

賢《さか》しらなり…差《さ》し出《で》がましい。こざかしい。

評定《ひょうじょう》…人々《ひとびと》が集《あつ》まり、相談《そうだん》して決《き》めること。会議《かいぎ》。

申《もう》し訳《わけ》ございませぬ
ただちに皆《みな》を集《あつ》めよ 評定《ひょうじょう》を開《ひら》く
柴田勝家《しばたかついえ》 本陣《ほんじん》
ザアア…
七尾城《ななおじょう》は すでに 敵《てき》の手《て》に落《お》ちた もようです
何《なに》!? 謙信《けんしん》が 松任城《まっとうじょう》におるだと!? すぐそこではないか
まさか……!
ええい! 分《ぶ》が悪《わる》い 奴《やつ》らに気取《けど》られぬよう 速《すみ》やかに撤退《てったい》するぞ
ザアアア

雨《あめ》……これすなわち“天《てん》の時《とき》”
敵《てき》の退路《たいろ》を断《た》つ濁流《だくりゅう》は“地《ち》の利《り》”
我《われ》らの団結力《だんけつりょく》を以《もっ》て“人《ひと》の和《わ》”とすれば……
この三《みっ》つが戦《いくさ》に勝《か》つための必須条件《ひっすじょうけん》といえようゆめゆめ忘《わす》るることなかれ
心得《こころえ》ました

天《てん》の時《とき》・地《ち》の利《り》・人《ひと》の和《わ》…機会《きかい》・環境《かんきょう》・仲間《なかま》のこと。ゆめゆめ忘《わす》るることなかれ…決《けっ》して忘《わす》れるな。

すっ
カッ
かかれーっ!!
ザーー

ウォオオオオ
ドドドドドドドドド
クアアアア
なんだ! どうした?
う 上杉軍《うえすぎぐん》の夜襲《やしゅう》です!

夜襲《やしゅう》…夜《よる》に敵《てき》を攻撃《こうげき》すること。夜《よ》討《う》ち。

火縄《ひなわ》…縄《なわ》に硝石《しょうせき》を吸収《きゅうしゅう》させたもの。鉄砲《てっぽう》の点火用《てんかよう》に用《もち》いた。湿《しめ》っては火《ひ》が消《き》えてしまう。

あわてるでない
陣《じん》を立《た》て直《なお》し
鉄砲《てっぽう》で……
しまった
この雨《あめ》では
火縄《ひなわ》が使《つか》えぬ！
カッ
ビシュッ
お屋形様《やかたさま》！
ドッ

ドドドワアッ
これは かなわん！
退却《たいきゃく》じゃ 退却《たいきゃく》ーっ！
川《かわ》を渡《わた》れば上杉《うえすぎ》とて追《お》ってはこられまい
バシャ
しかし 手取川《てどりがわ》は折《おり》からの雨《あめ》で増水《ぞうすい》しており――
バシャ
待《ま》て！ 深追《ふかお》い無用《むよう》
ぎゃあああ
退却《たいきゃく》する織田軍《おだぐん》の将兵《しょうへい》をことごとく飲《の》み込《こ》んでいった

あっけない
ものよ
弱《よわ》いのう織田《おだ》は
体《からだ》が震《ふる》えるこの感動《かんどう》を
私《わたし》は生涯《しょうがい》忘《わす》れぬ
今日《きょう》この日《ひ》の
軍神《ぐんしん》の戦《たたか》いぶりを……

景勝様《かげかつさま》は このお屋形様《やかたさま》の跡《あと》を継《つ》がねばならぬのか……！
しかし――この「手取川《てどりがわ》の戦《たたか》い」が謙信《けんしん》最後《さいご》の戦《いくさ》となってしまう
天正《てんしょう》六（1578）年《ねん》三月《がつ》九日《ここのか》 春日山城《かすがやまじょう》
よし 本日《ほんじつ》の軍事《ぐんじ》調練《ちょうれん》はこれまでとする

調練《ちょうれん》…訓練《くんれん》すること。

北陸《ほくりく》もほぼ平定《へいてい》し
六日後《むいかご》には　いよいよ
関東出兵《かんとうしゅっぺい》ですな
北条《ほうじょう》など一蹴《いっしゅう》……で
ございまする
火急《かきゅう》の用《よう》にて
御免《ごめん》！
お屋形様《やかたさま》が
厠《かわや》でお倒《たお》れに！
!!

厠《かわや》…トイレのこと。

第二章《だいしょう》　御館《おたて》の乱《らん》

御館《おたて》…現在《げんざい》の新潟県上越市《にいがたけんじょうえつし》にあった上杉憲政《うえすぎのりまさ》の居館《きょかん》。

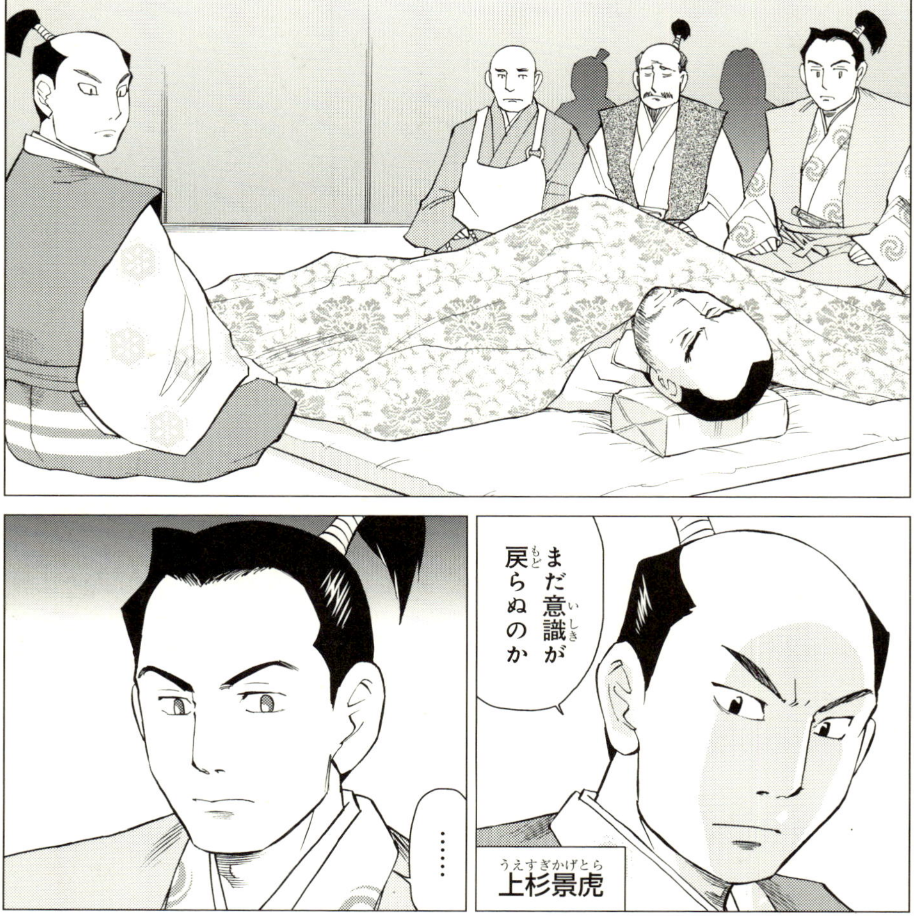
まだ意識《いしき》が戻《もど》らぬのか
上杉景虎《うえすぎかげとら》
……

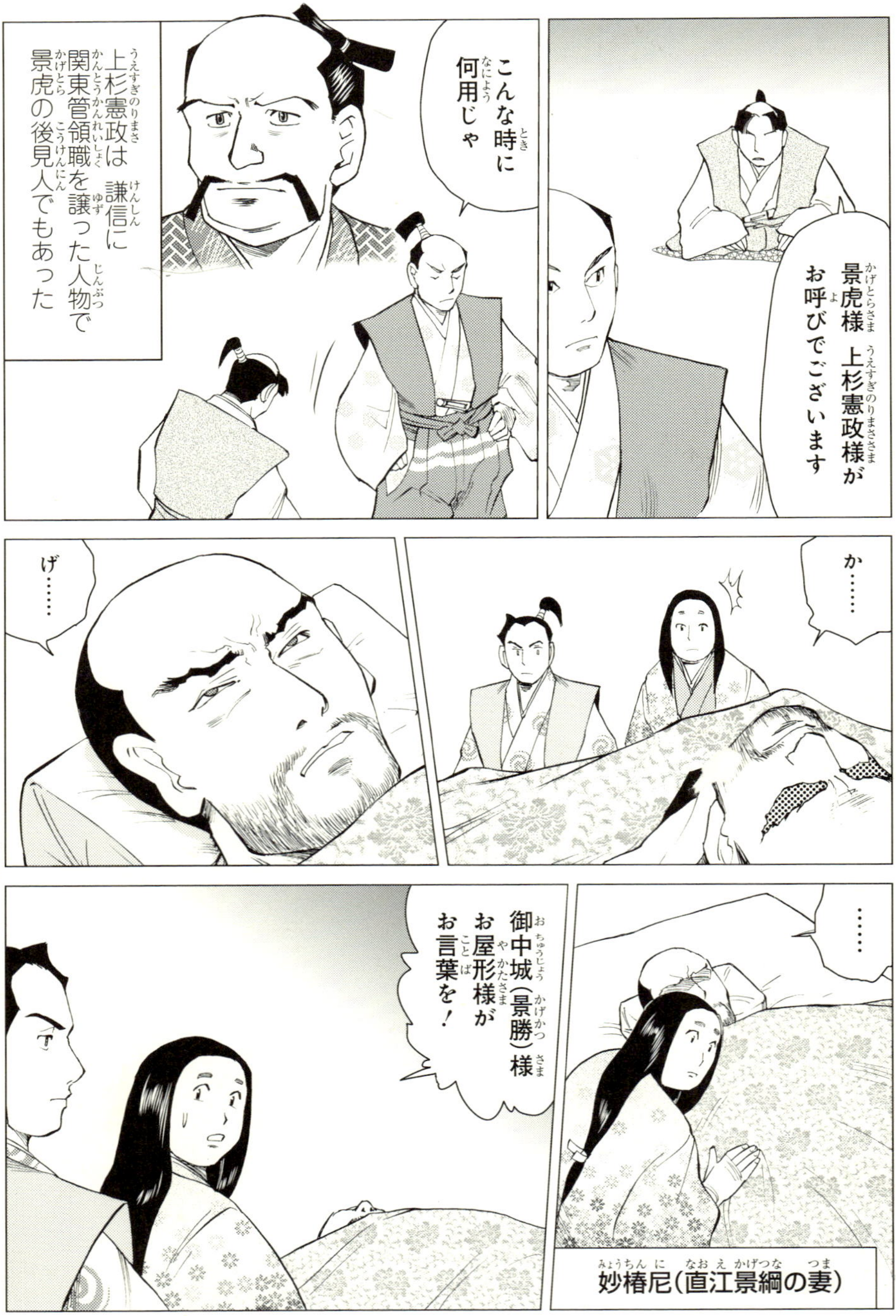
景虎様《かげとらさま》 上杉憲政様《うえすぎのりまささま》がお呼《よ》びでございます
こんな時《とき》に何用《なによう》じゃ
上杉憲政《うえすぎのりまさ》は 謙信《けんしん》に関東管領職《かんとうかんれいしょく》を譲《ゆず》った人物《じんぶつ》で景虎《かげとら》の後見人《こうけんにん》でもあった
か……
げ……
……
妙椿尼《みょうちんに》(直江景綱《なおえかげつな》の妻《つま》)
御中城《おちゅうじょう》(景勝《かげかつ》)様《さま》お屋形様《やかたさま》がお言葉《ことば》を!

御中城様《おちゅうじょうさま》…景勝《かげかつ》が春日山城《かすがやまじょう》の中城《ちゅうじょう》に住《す》んでいたために、こう呼《よ》ばれた。

グッ
がくり
景勝《かげかつ》はこれに……
!!
お屋形様《やかたさま》!
脳出血《のうしゅっけつ》…脳内《のうない》の血管《けっかん》が破《やぶ》れて出血《しゅっけつ》する病気《びょうき》。
天正《てんしょう》六(1578)年《ねん》三月《がつ》十三日《にち》
上杉謙信《うえすぎけんしん》死去《しきょ》 享年《きょうねん》四十九
死因《しいん》は脳出血《のうしゅっけつ》といわれている
葬儀《そうぎ》が執《と》り行《おこな》われたのは
三月《がつ》十五日《にち》のことである

事切《ことき》れる…死《し》ぬこと。

皆《みな》 心《こころ》して聞《き》くがよい
お屋形様《やかたさま》は臨終《りんじゅう》の際《さい》
御中城様《おちゅうじょうさま》を枕元《まくらもと》へ
お呼《よ》びになり
その手《て》を握《にぎ》り
上杉家《うえすぎけ》の後事《こうじ》
一切《いっさい》を託《たく》されて
事切《ことき》れた
ばっ
お待《ま》ちくだされ！
いつ そのような？
景虎様《かげとらさま》が席《せき》を
外《はず》された時《とき》に
ございます
……
ここはいったん
引《ひ》きましょう
景虎様《かげとらさま》
誰《だれ》が真《まこと》の跡継《あとつ》ぎか
はっきりさせよう
ではないか！

なんとか兄弟《きょうだい》が争《あらそ》わずに
済《す》む方法《ほうほう》はないものかの
与六《よろく》よ
仙桃院様《せんとういんさま》
ご心中《しんちゅう》お察《さつ》し
いたします
しかし ここで白黒《しろくろ》を
はっきりつけねば
越後《えちご》は また争乱《そうらん》の時代《じだい》に
逆戻《ぎゃくもど》りです
ご安心《あんしん》を！
すでに手《て》は打《う》って
おります！
その夜《よる》――
春日山城《かすがやまじょう》
実城《みじょう》（本丸《ほんまる》）
ここには金《かね》や
武器《ぶき》 食糧《しょくりょう》まで
備蓄《びちく》されている
つまり
ここを押《お》さえる
ということは……
一足遅《ひとあしおそ》かった
ようですな！
景虎様《かげとらさま》
お お前《まえ》が
なぜ
ここに!?

月《つき》が見《み》とうなりましてな
御中城様《おちゅうじょうさま》もおいでです
……
構《かま》わぬ！矢《や》を放《はな》て
ヒュン
ヒュン
ヒュ
バババババッ
パス
パス
パス
こちらには弾薬《だんやく》もたっぷりございまするぞ
くそっ覚《おぼ》えておれ！
この与六《よろく》の機転《きてん》により景虎《かげとら》は支持者《しじしゃ》もろとも城外退去《じょうがいたいきょ》を余儀《よぎ》なくされた

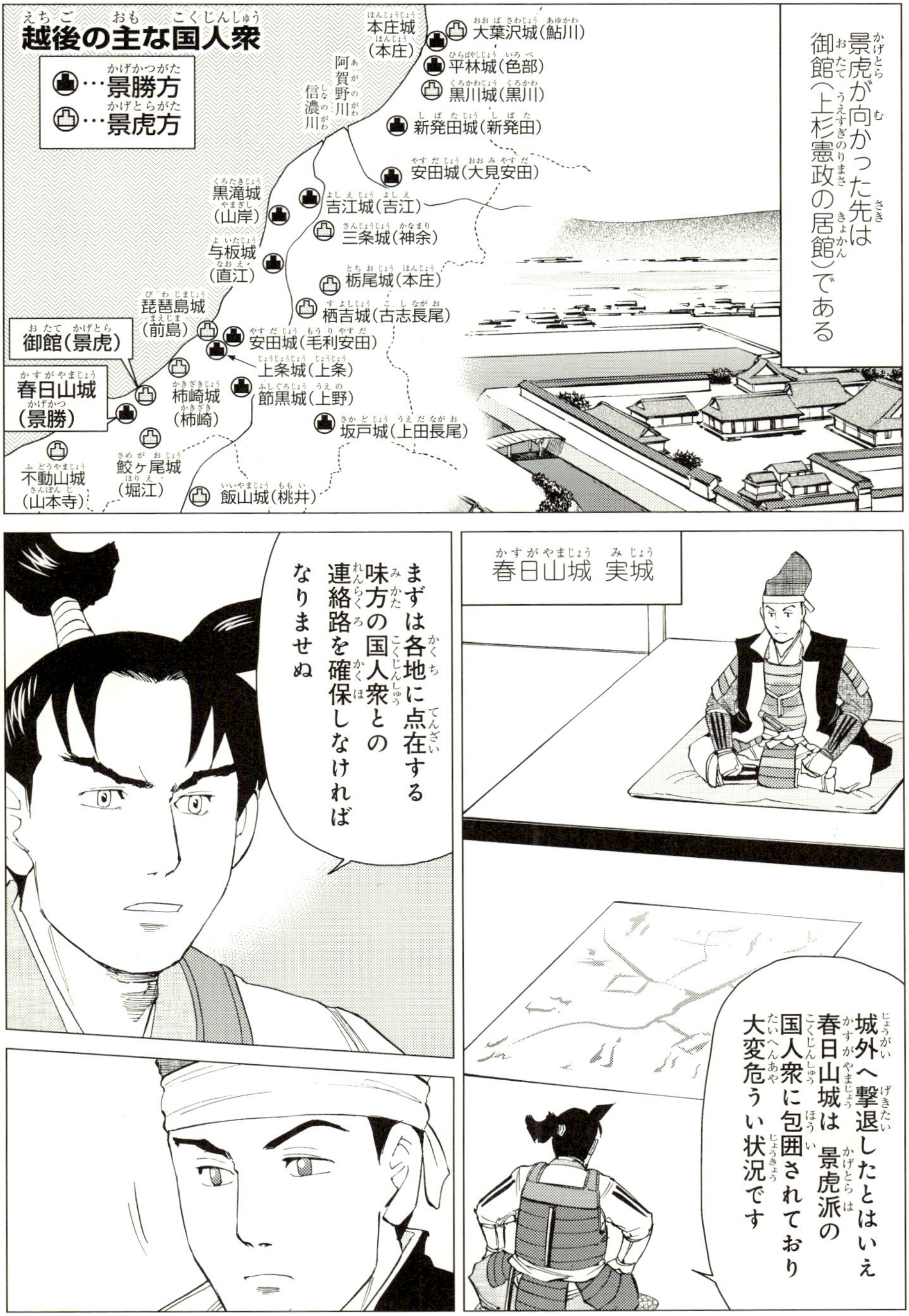

国人衆《こくじんしゅう》…もともとその国《くに》に居住《きょじゅう》していた武士《ぶし》。地方豪族《ちほうごうぞく》。

必定《ひつじょう》…必《かなら》ずそうなると決《き》まっていること。

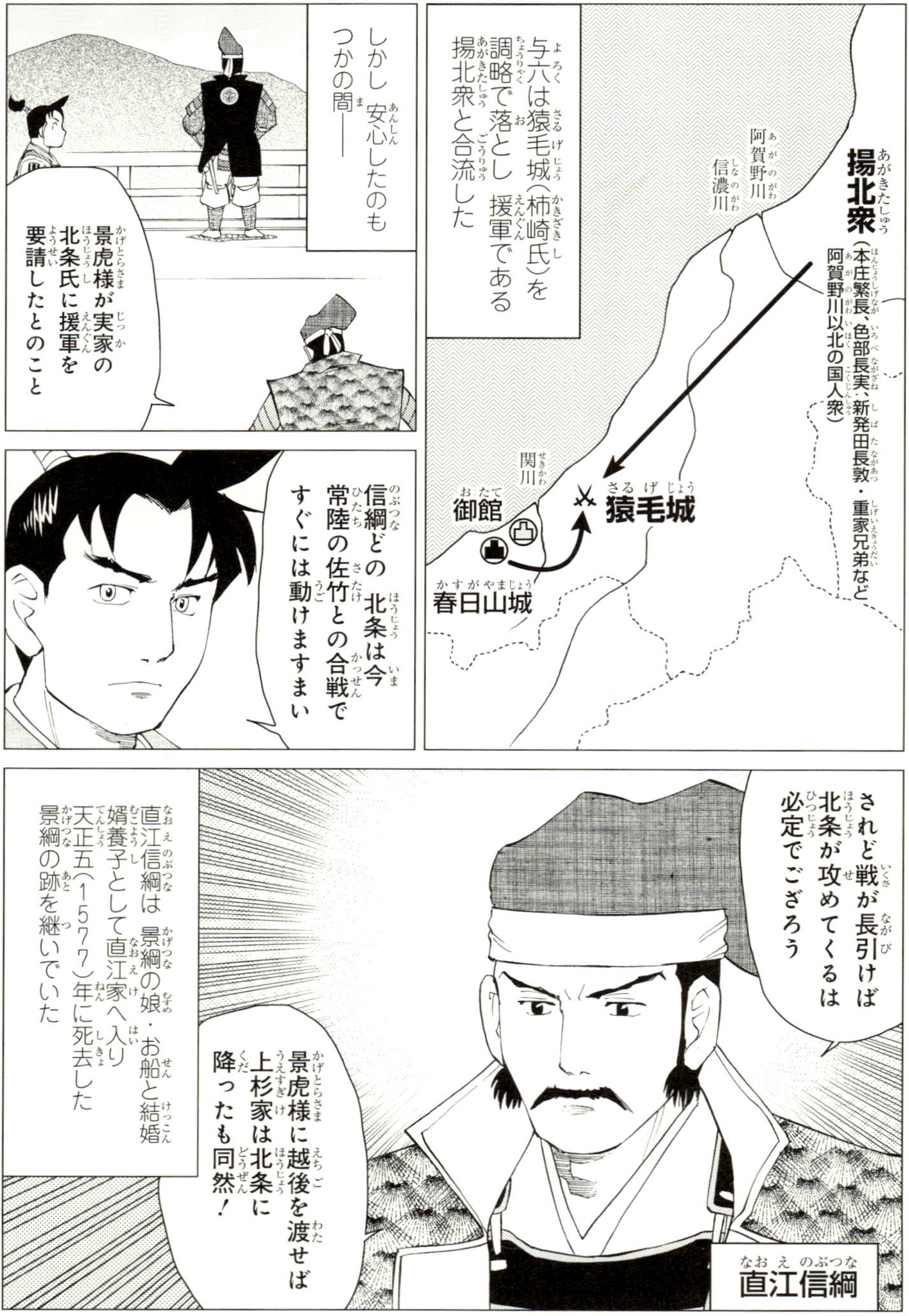
与六《よろく》は猿毛城《さるげじょう》（柿崎氏《かきざきし》）を
調略《ちょうりゃく》で落《お》とし 援軍《えんぐん》である
揚北衆《あがきたしゅう》と合流《ごうりゅう》した
揚北衆《あがきたしゅう》
（本庄繁長《ほんじょうしげなが》、色部長実《いろべながざね》、新発田長敦《しばたながあつ》・重家兄弟《しげいえきょうだい》など
阿賀野川以北《あがのがわいほく》の国人衆《こくじんしゅう》）
阿賀野川《あがのがわ》
信濃川《しなのがわ》
関川《せきかわ》
御館《おたて》
猿毛城《さるげじょう》
春日山城《かすがやまじょう》
しかし 安心《あんしん》したのも つかの間《ま》――
景虎様《かげとらさま》が実家《じっか》の 北条氏《ほうじょうし》に援軍《えんぐん》を 要請《ようせい》したとのこと
信綱《のぶつな》どの 北条《ほうじょう》は今《いま》 常陸《ひたち》の佐竹《さたけ》との合戦《かっせん》で すぐには動《うご》けますまい
されど戦《いくさ》が長引《ながび》けば 北条《ほうじょう》が攻《せ》めてくるは 必定《ひつじょう》でござろう
直江信綱《なおえのぶつな》は 景綱《かげつな》の娘《むすめ》・お船《せん》と結婚《けっこん》 婿養子《むこようし》として直江家《なおえけ》へ入《はい》り 天正五《てんしょう》（1577）年《ねん》に死去《しきょ》した 景綱《かげつな》の跡《あと》を継《つ》いでいた
景虎様《かげとらさま》に越後《えちご》を渡《わた》せば 上杉家《うえすぎけ》は北条《ほうじょう》に 降《くだ》ったも同然《どうぜん》！
直江信綱《なおえのぶつな》

猿毛城《さるげじょう》…現在《げんざい》の新潟県上越市《にいがたけんじょうえつし》にあった城《しろ》。
揚北衆《あがきたしゅう》…越後北部《えちごほくぶ》の国人衆《こくじんしゅう》のこと。
常陸《ひたち》…現在《げんざい》の茨城県《いばらきけん》の大部分《だいぶぶん》。
佐竹《さたけ》…戦国大名《せんごくだいみょう》・佐竹氏《さたけし》のこと。

信濃《しなの》……現在《げんざい》の長野県《ながのけん》。

申《もう》し上《あ》げます！
武田軍《たけだぐん》二万《まん》が信濃《しなの》から越後《えちご》へ向《む》けて進軍中《しんぐんちゅう》！
!!
……
武田《たけだ》と同盟《どうめい》している北条《ほうじょう》が 裏《うら》で手《て》を回《まわ》したに違《ちが》いない
前門《ぜんもん》の虎《とら》 後門《こうもん》の狼《おおかみ》…… 万事休《ばんじきゅう》すか！

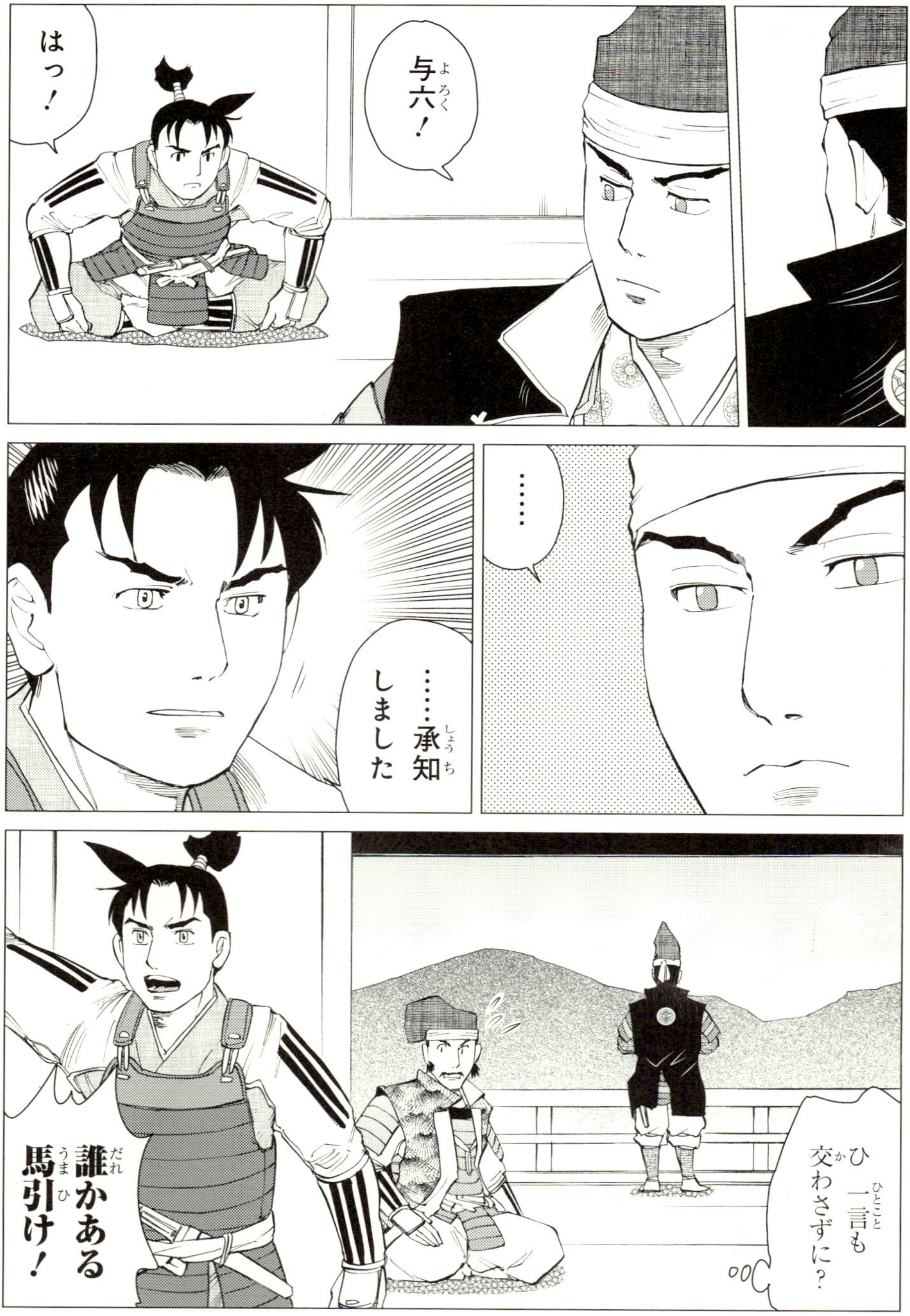
与六《よろく》！
はっ！
……
……承知《しょうち》しました
ひ 一言《ひとこと》も交《か》わさずに？
誰《だれ》かある馬《うま》引《ひ》け！

小出雲《おいずも》…現在《げんざい》の新潟県妙高市《にいがたけんみょうこうし》。
上野《こうずけ》…現在《げんざい》の群馬県《ぐんまけん》。

小出雲《おいずも》 武田勝頼本陣《たけだかつよりほんじん》
信濃川《しなのがわ》
関川《せきかわ》
春日山城《かすがやまじょう》
御館《おたて》
小出雲《おいずも》
飯山城《いいやまじょう》
武田《たけだ》は〝利《り》〟
上杉《うえすぎ》は〝義《ぎ》〟で動《うご》く
織田《おだ》は共通《きょうつう》の敵《てき》
ともに手《て》を取《と》って
戦《たたか》いましょうぞ
!!
武田勝頼《たけだかつより》
ならば勝頼《かつより》が欲《ほ》しいものを
差《さ》し出《だ》せばよい
この一万両《まんりょう》に加《くわ》え
さらに上野半国《こうずけはんごく》を
お譲《ゆず》りいたす！

勝頼《かつより》は 長篠《ながしの》・設楽原《したらがはら》の合戦《かっせん》で
織田《おだ》・徳川《とくがわ》連合軍《れんごうぐん》に大敗《たいはい》して以来《いらい》
軍資金《ぐんしきん》不足《ぶそく》に悩《なや》まされていた
相《あい》わかった
本日《ほんじつ》をもって
我《われ》らは盟友《めいゆう》ぞ

勝頼《かつより》が中立《ちゅうりつ》を守《まも》ったため
事態《じたい》は一変《いっぺん》する
ワアアアア
もはや
これまでか……
天正《てんしょう》七（1579）年《ねん》三月《がつ》十七日《にち》
景勝軍《かげかつぐん》は御館《おたて》に総攻撃《そうこうげき》をかけて攻略《こうりゃく》
逃《に》げ延《の》びた景虎《かげとら》も 二十四日《にじゅうよっか》に自害《じがい》した

上杉家《うえすぎけ》存亡《そんぼう》の危機《きき》をかろうじて
乗《の》り切《き》った景勝《かげかつ》だったが――
御館《おたて》の乱後《らんご》の論功行賞《ろんこうこうしょう》に
一部《いちぶ》の国人衆《こくじんしゅう》の不満《ふまん》が爆発《ばくはつ》
御中城様《おちゅうじょうさま》のため
命《いのち》がけで
戦《たたか》ったというのに
恩賞《おんしょう》もなしとは……
新発田重家《しばたしげいえ》
天正《てんしょう》九（1581）年《ねん》六月《がつ》
揚北衆《あがきたしゅう》の
新発田重家《しばたしげいえ》が
織田《おだ》に寝返《ねがえ》った
だと!?

論功行賞《ろんこうこうしょう》…働《はたら》きに応《おう》じて賞《しょう》を与《あた》えること。

信長《のぶなが》は新発田《しばた》を味方《みかた》に引《ひ》き入《い》れるなど
上杉《うえすぎ》の攻略《こうりゃく》を進《すす》めていたのである
景虎派《かげとらは》の残党《ざんとう》を集《あつ》めて 徹底抗戦《てっていこうせん》の構《かま》えを 見《み》せております
ええい 信長《のぶなが》に そそのかされおって!
失礼《しつれい》 つかまつる
これは皆様《みなさま》 おそろいで ……いったい どうなされ ました
すっ
直江家《なおえけ》のことで……な 存《ぞん》じておろうが 信綱《のぶつな》どのは跡継《あとつ》ぎを 授《さず》かる前《まえ》に 凶刃《きょうじん》に 倒《たお》れてしまわれた
さらに 同年《どうねん》九月《がつ》
春日山城内《かすがやまじょうない》で恩賞《おんしょう》がらみの
刃傷事件《にんじょうじけん》に巻《ま》き込《こ》まれた
直江信綱《なおえのぶつな》が殺《ころ》されていた

このまま上杉家《うえすぎけ》筆頭《ひっとう》家老《がろう》の名門《めいもん》が絶《た》えてしまうのはじつに忍《しの》びないとは思《おも》わぬか？　与六《よろく》
仙桃院様《せんとういんさま》のおっしゃるとおりです
じゃろう？そこでじゃ……
与六《よろく》
はい
今後《こんご》は「兼続《かねつぐ》」と名乗《なの》り直江家《なおえけ》を継《つ》げ
景勝《かげかつ》 27歳《さい》
えっ!?
……
お船《せん》と夫婦《めおと》になって上杉家《うえすぎけ》を守《も》り立《た》てておくれでないかい？
わ　私《わたし》が……
お船《せん》どのと？
ササッ
ぺこり

与板衆《よいたしゅう》…直江氏代々《なおえしだいだい》の家臣《かしん》たち。直江氏《なおえし》の居城《きょじょう》が与板《よいた》（現在《げんざい》の新潟県長岡市《にいがたけんながおかし》）にあったことから、こう呼《よ》ばれた。

この時《とき》 兼続《かねつぐ》は二十二歳《さい》 お船《せん》は二十五歳《さい》であった
喜《よろこ》ばしいのう〜
よっ！ご両人《りょうにん》
兼続様《かねつぐさま》なら わしら与板衆《よいたしゅう》も 大歓迎《だいかんげい》じゃ！
めでたい
のう 兼続《かねつぐ》
お屋形様《やかたさま》……

今後《こんご》も直江《なおえ》の名《な》に恥《は》じぬ忠勤《ちゅうきん》を誓《ちか》いまする
はじめての出会《であ》いから十数年《すうねん》——
兼続《かねつぐ》はお船《せん》と結婚《けっこん》してから
側室《そくしつ》を持《も》つことなく
終生《しゅうせい》二人《ふたり》仲良《なかよ》く暮《く》らすことになる

天正《てんしょう》十（1582）年《ねん》二月《がつ》
信長《のぶなが》は 北陸《ほくりく》（柴田勝家《しばたかついえ》）と関東《かんとう》（滝川一益《たきがわかずます》）の
両方面《りょうほうめん》から 越後侵攻作戦《えちごしんこうさくせん》を実行《じっこう》に移《うつ》す
春日山城《かすがやまじょう》
柴田勝家《しばたかついえ》
滝川一益《たきがわかずます》
織田信忠《おだのぶただ》
天目山《てんもくざん》の戦《たたか》い
（武田氏滅亡《たけだしめつぼう》）
京都《きょうと》
安土城《あづちじょう》
三月《がつ》には 早《はや》くも嫡男《ちゃくなん》・信忠《のぶただ》に
武田勝頼《たけだかつより》を攻撃《こうげき》させて討《う》ち滅《ほろ》ぼし
甲越同盟《こうえつどうめい》は破談《はだん》となっていた
織田信長《おだのぶなが》

滝川一益《たきがわかずます》…織田信長《おだのぶなが》の重臣《じゅうしん》。

甲越同盟《こうえつどうめい》…天正《てんしょう》七（1579）年《ねん》に甲斐国《かいのくに》の武田勝頼《たけだかつより》と越後国《えちごのくに》の上杉景勝《うえすぎかげかつ》が結《むす》んだ同盟《どうめい》。

愛宕権現《あたごごんげん》…現在《げんざい》の山形県米沢市《やまがたけんよねざわし》にある愛宕神社《あたごじんじゃ》のこと。当時《とうじ》は越後《えちご》にあって勝軍地蔵《しょうぐんじぞう》も祀《まつ》られており、戦《いくさ》の勝利《しょうり》を願《ねが》う武士《ぶし》の信仰《しんこう》を集《あつ》めた。

愛染明王《あいぜんみょうおう》…怒《いか》りの形相《ぎょうそう》で悪《あく》を打《う》ち砕《くだ》き仏法《ぶっぽう》を守護《しゅご》する「明王《みょうおう》」の一《ひと》つ。

越後国《えちごのくに》 与板城《よいたじょう》
あの武門《ぶもん》の誉《ほま》れ高《たか》き武田氏《たけだし》が滅《ほろ》ぶとはいまだに信《しん》じられぬ
殿《との》に愛宕権現様《あたごごんげんさま》や愛染明王様《あいぜんみょうおうさま》のご加護《かご》がありますように
〝愛《あい》〟の前立《まえだ》てじゃ
直江《なおえ》の心意気《こころいき》を織田《おだ》の兵《へい》どもに見《み》せておやりなさいませ！
ありがとうお船《せん》！

与板城《よいたじょう》…現在《げんざい》の新潟県長岡市《にいがたけんながおかし》にあった直江兼続《なおえかねつぐ》の居城《きょじょう》。

前立《まえだ》て…兜《かぶと》の前面《ぜんめん》につける飾《かざ》り。

越中国《えっちゅうのくに》…現在《げんざい》の富山県《とやまけん》。魚津城《うおづじょう》…現在《げんざい》の富山県魚津市本町《とやまけんうおづしほんまち》にあった城《しろ》。天神山城《てんじんやまじょう》…現在《げんざい》の富山県魚津市小川寺《とやまけんうおづしおがわじ》にあった城《しろ》。海津城《かいづじょう》…現在《げんざい》の長野県長野市《ながのけんながのし》にあった城《しろ》。

五月《がつ》――景勝《かげかつ》は兼続《かねつぐ》を伴《ともな》い
越中国《えっちゅうのくに》に進軍《しんぐん》すると
織田軍《おだぐん》に包囲《ほうい》されている
上杉軍《うえすぎぐん》の拠点《きょてん》・魚津城救援《うおづじょうきゅうえん》
のため 天神山城《てんじんやまじょう》に布陣《ふじん》した

しかし 信長《のぶなが》の重臣《じゅうしん》・森長可《もりながよし》が
海津城《かいづじょう》を占拠《せんきょ》して 信濃国《しなののくに》から
越後国《えちごのくに》への侵攻《しんこう》を開始《かいし》
滝川一益《たきがわかずます》
春日山城《かすがやまじょう》
魚津城《うおづじょう》
海津城《かいづじょう》
厩橋城《まやばしじょう》
さらに 同《おな》じく重臣《じゅうしん》の滝川一益《たきがわかずます》も
厩橋城《まやばしじょう》を拠点《きょてん》に
三国峠《みくにとうげ》から越後国《えちごのくに》に侵入《しんにゅう》
春日山城《かすがやまじょう》が絶体絶命《ぜったいぜつめい》の危機《きき》に
さらされることとなった
森長可《もりながよし》

厩橋城《まやばしじょう》…現在《げんざい》の群馬県前橋市《ぐんまけんまえばしし》にあった城《しろ》。三国峠《みくにとうげ》…現在《げんざい》の新潟県南魚沼郡湯沢町《にいがたけんみなみうおぬまぐんゆざわまち》と群馬県利根郡《ぐんまけんとねぐん》みなかみ町《まち》の境《さかい》にある峠《とうげ》。

これら織田《おだ》軍《ぐん》の動《うご》きに景勝《かげかつ》は越中救援《えっちゅうきゅうえん》を断念《だんねん》——春日山城《かすがやまじょう》へ退却《たいきゃく》して守《まも》りを固《かた》めた
……
周《まわ》りは敵《てき》ばかりにございまする……
魚津城陥落《うおづじょうかんらく》！城兵全員《じょうへいぜんいん》討死《うちじに》——っ
!!
お屋形様《やかたさま》！
死中《しちゅう》に活《かつ》！

死中《しちゅう》に活《かつ》…絶望的《ぜつぼうてき》な状況《じょうきょう》のなかで生《い》き延《の》びるための方法《ほうほう》。

皆《みな》
死《し》ねーっ!!
お屋形様《やかたさま》!
不識庵様《ふしきあんさま》の
再来《さいらい》じゃ!
ウオオオッ
ウァァァ

皆《みな》死《し》ね…全員《ぜんいん》死《し》ぬ気《き》で戦《たたか》えという意味《いみ》。

ドタタッ
何事《なにごと》だ!?
申《もう》し上《あ》げます!
織田《おだ》の軍勢《ぐんぜい》が各戦線《かくせんせん》から撤退《てったい》していきます
六月二日《がつふつか》――「本能寺《ほんのうじ》の変《へん》」である 信長《のぶなが》が明智光秀《あけちみつひで》に討《う》たれたとの知《し》らせに 大混乱《だいこんらん》に陥《おちい》った織田軍《おだぐん》は上杉《うえすぎ》攻《ぜ》めを中止《ちゅうし》して戦線《せんせん》から次々《つぎつぎ》と離脱《りだつ》していった
!!

明智光秀《あけちみつひで》…織田信長《おだのぶなが》の重臣《じゅうしん》。

第《だい》三章《しょう》　落水《おちりみず》の会見《かいけん》

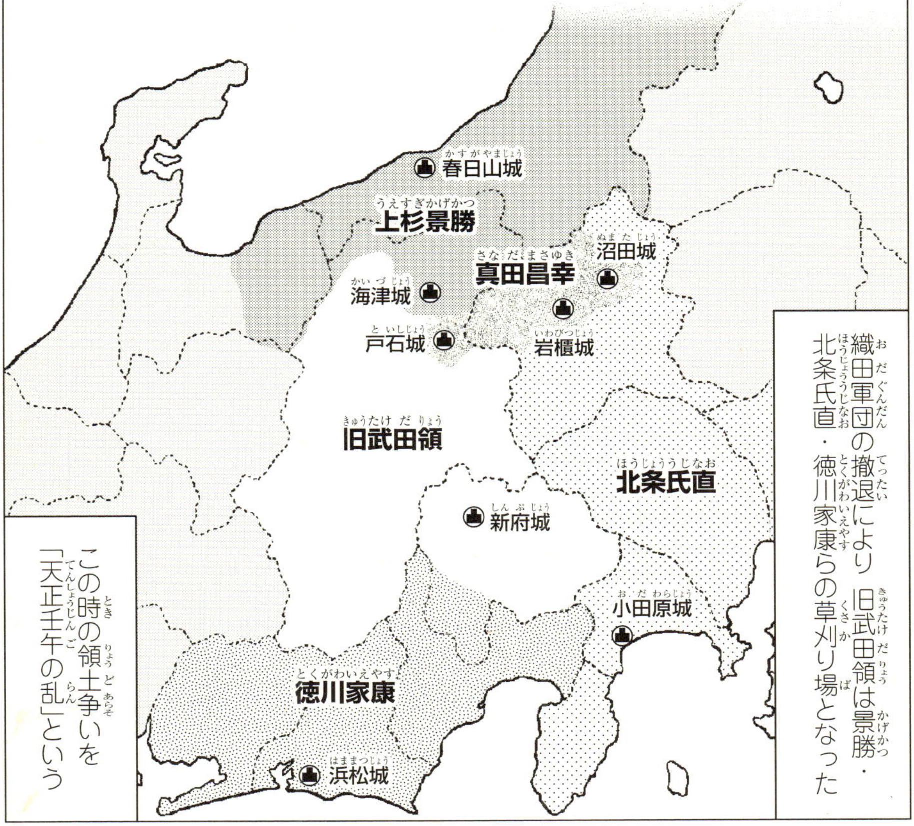

織田軍団《おだぐんだん》の撤退《てったい》により 旧武田領《きゅうたけだりょう》は景勝《かげかつ》・北条氏直《ほうじょううじなお》・徳川家康《とくがわいえやす》らの草刈《くさか》り場《ば》となった
春日山城《かすがやまじょう》
上杉景勝《うえすぎかげかつ》
沼田城《ぬまたじょう》
真田昌幸《さなだまさゆき》
海津城《かいづじょう》
岩櫃城《いわびつじょう》
戸石城《といしじょう》
旧武田領《きゅうたけだりょう》
北条氏直《ほうじょううじなお》
新府城《しんぷじょう》
小田原城《おだわらじょう》
徳川家康《とくがわいえやす》
浜松城《はままつじょう》
この時《とき》の領土争《りょうどあらそ》いを「天正壬午《てんしょうじんご》の乱《らん》」という

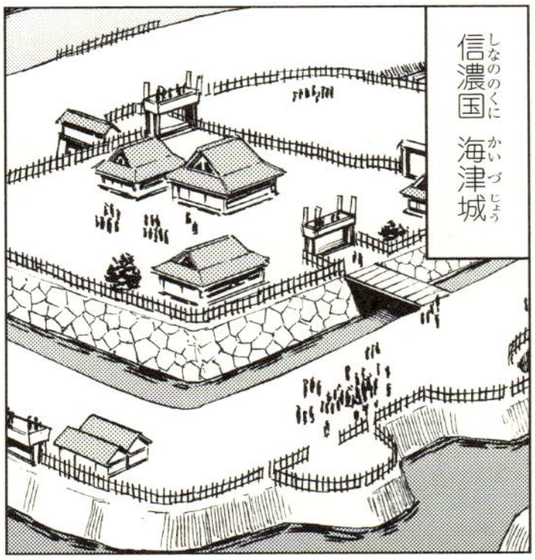

信濃国《しなののくに》 海津城《かいづじょう》

あそこで不識庵様《ふしきあんさま》と信玄入道《しんげんにゅうどう》が刃《やいば》を交《まじ》えたのですな
ここからよう見《み》えまする
……

落水《おちりみず》の会見《かいけん》…現在《げんざい》の新潟県糸魚川市《にいがたけんいといがわし》にあった落水《おちりみず》（のち勝山《かつやま》）城《じょう》で開《ひら》かれたといわれる会見《かいけん》。
草刈《くさか》り場《ば》…多《おお》くの人《ひと》が利権《りけん》を奪《うば》い合《あ》う場所《ばしょ》。

謙信《けんしん》と武田信玄《たけだしんげん》が何度《なんど》も戦《たたか》った因縁《いんねん》の地《ち》・川中島《かわなかじま》や海津城《かいづじょう》を含《ふく》む北信濃《きたしなの》も上杉領《うえすぎりょう》となった
一方《いっぽう》 畿内《きない》では羽柴秀吉《はしばひでよし》が明智光秀《あけちみつひで》を「山崎《やまざき》の合戦《かっせん》」で撃破《げきは》――
明智光秀《あけちみつひで》
信長《のぶなが》の跡継《あとつ》ぎを決《き》める清洲《きよす》(清須《きよす》)会議《かいぎ》で三法師《さんぼうし》(信忠《のぶただ》の遺子《いし》)を擁《よう》して織田政権《おだせいけん》の主導権《しゅどうけん》を握《にぎ》ったものの信孝《のぶたか》(信長《のぶなが》の三男《さんなん》)を推《お》す柴田勝家《しばたかついえ》との間《あいだ》に火種《ひだね》を抱《かか》えることとなった
羽柴秀吉《はしばひでよし》
(のち豊臣秀吉《とよとみひでよし》)

川中島《かわなかじま》…現在《げんざい》の長野県長野市《ながのけんながのし》。

山崎《やまざき》…現在《げんざい》の京都府乙訓郡大山崎町《きょうとふおとくにぐんおおやまざきちょう》および大阪府三島郡島本町山崎《おおさかふみしまぐんしまもとちょうやまざき》。

遺子《いし》…親《おや》の死後《しご》に残《のこ》された子《こ》。

春日山城《かすがやまじょう》
秀吉《ひでよし》どのと柴田《しばた》どのから それぞれ味方《みかた》につくよう 書状《しょじょう》が参《まい》っております
政繁《まさしげ》どの 手紙《てがみ》にはなんと？
柴田《しばた》どのは自筆《じひつ》で「秀吉《ひでよし》を討《う》った あかつきには 加賀《かが》を与《あた》える」と
……
して 秀吉《ひでよし》どのは？
それが…… 直筆《じきひつ》ではなく 石田三成《いしだみつなり》と申《もう》す 家臣《かしん》の代筆《だいひつ》にて……

加賀《かが》…現在《げんざい》の石川県南部《いしかわけんなんぶ》。

「この世《よ》から戦《いくさ》をなくすため天下平定《てんかへいてい》に力《ちから》を貸《か》してほしい」……とだけ
どこの土地《とち》を与《あた》えるなど恩賞《おんしょう》については何一《なにひと》つ書《か》かれてはおりませぬな……ふっ
こちらが柴田《しばた》どのの書状《しょじょう》にござる
お味方《みかた》するなら返書《へんしょ》をしたためねば
……
ああっ！何《なに》をなさいます
ポイ
はっはっはお屋形様《やかたさま》を物《もの》で釣《つ》ろうなどとは笑止千万《しょうしせんばん》！

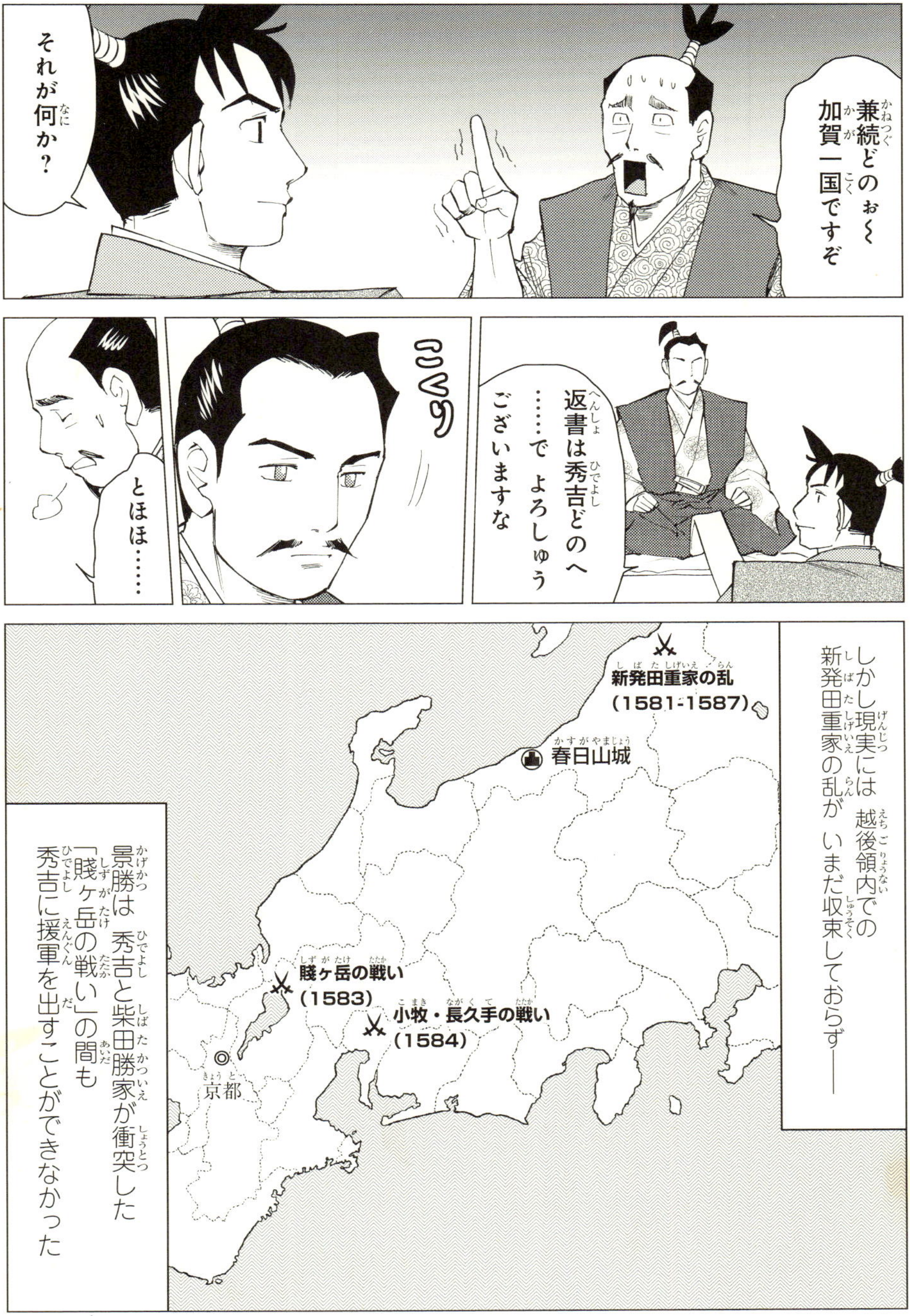
兼続《かねつぐ》どのぉ〜
加賀《かが》一国《こく》ですぞ
それが何《なに》か？
返書《へんしょ》は秀吉《ひでよし》どのへ……で よろしゅうございますな
こくり
とほほ……
しかし現実《げんじつ》には 越後領内《えちごりょうない》での 新発田重家《しばたしげいえ》の乱《らん》が いまだ収束《しゅうそく》しておらず——
新発田重家《しばたしげいえ》の乱《らん》
(1581-1587)
春日山城《かすがやまじょう》
賤ヶ岳《しずがたけ》の戦《たたか》い
(1583)
小牧《こまき》・長久手《ながくて》の戦《たたか》い
(1584)
京都《きょうと》
景勝《かげかつ》は 秀吉《ひでよし》と柴田勝家《しばたかついえ》が衝突《しょうとつ》した 「賤ヶ岳《しずがたけ》の戦《たたか》い」の間《あいだ》も 秀吉《ひでよし》に援軍《えんぐん》を出《だ》すことができなかった

賤《しず》ヶ岳《がたけ》…現在《げんざい》の滋賀県長浜市《しがけんながはまし》にある山《やま》。

勝家《かついえ》を打《う》ち破《やぶ》った秀吉《ひでよし》は――
「小牧《こまき》・長久手《ながくて》の戦《たたか》い」ののち 徳川家康《とくがわいえやす》と織田信雄《おだのぶかつ》(信長《のぶなが》の次男《じなん》)を臣従《しんじゅう》させ 天下統一《てんかとういつ》に向《む》けて歩《ほ》を進《すす》めた
天正十三《てんしょう》(1585)年《ねん》八月《がつ》 越後国《えちごのくに》 落水城《おちりみずじょう》
春日山城《かすがやまじょう》
落水城《おちりみずじょう》
止《と》まれ 何者《なにもの》か!
秀吉《ひでよし》じゃ 景勝《かげかつ》どのは おるかな?
へ?

関白殿下《かんぱくでんか》に あらせられる
石田三成《いしだみつなり》
……しばし お待《ま》ちを！
早馬《はやうま》を！ 大至急《だいしきゅう》
春日山城《かすがやまじょう》
なんと！ 秀吉《ひでよし》どのが？
大事《だいじ》な戦《いくさ》で兵《へい》を出《だ》せず 本来《ほんらい》 こちらから 出向《でむ》かねばならぬところを 先手《せんて》を打《う》たれましたな
スタ スタ
すぐに参上《さんじょう》しますゆえ 殿下《でんか》には城《しろ》で おくつろぎいただきますように と
はっ！

関白《かんぱく》…成人《せいじん》した天皇《てんのう》を助《たす》けて政治《せいじ》を行《おこな》う職《しょく》。ここでは秀吉《ひでよし》のことを指《さ》す。

早馬《はやうま》…連絡《れんらく》のために出《だ》す急《いそ》ぎの使《つか》いのこと。

上杉《うえすぎ》景勝《かげかつ》様《さま》
直江《なおえ》兼続《かねつぐ》様《さま》
お着《つ》きに
ございます
おお！ そちが景勝《かげかつ》どのか
かの謙信公《けんしんこう》の後継者《こうけいしゃ》に
お目《め》にかかれて
うれしゅうござる
いやいや
これは恐《おそ》れ入《い》る
よしなにのう
……

よしなに…よい具合《ぐあい》になるように。よいように。

石田三成《いしだみつなり》どの……で
ございますな
なぜ私《わたし》だと
おわかりに？
書状《しょじょう》の実直《じっちょく》な筆《ふで》さばきに
嘘偽《うそいつわ》りなしと
感《かん》じ入《い》り申《もう》したが……
まさしく人《ひと》となりに
それが あらわれて
おりましたゆえ……
兼続《かねつぐ》どの……
たたずまいで
佐吉《さきち》とわかった
と申《もう》すか
カラカラ
面白《おもしろ》い男《おとこ》
じゃのう
そなたは

佐吉《さきち》…石田三成《いしだみつなり》の幼名《ようみょう》。

ばっ
初対面《しょたいめん》にもかかわりませず
よけいなことを……
お許《ゆる》しくださいませ
ハハハ
そのほうらは
似《に》た者同士《ものどうし》よ
良《よ》き友《とも》になれる
やもしれぬのう
天正《てんしょう》十四（1586）年《ねん》六月《がつ》
景勝《かげかつ》は天下《てんか》の勢《いきお》いが秀吉《ひでよし》に集《あつ》まりつつ
あることを悟《さと》り　兼続《かねつぐ》ともども
上洛《じょうらく》して　恭順《きょうじゅん》の意《い》を示《しめ》した
同年《どうねん》九月《がつ》
秀吉《ひでよし》は天皇《てんのう》から「豊臣《とよとみ》」の姓《せい》を賜《たまわ》り
十二月《がつ》には太政大臣《だじょうだいじん》に就任《しゅうにん》するなど
名実《めいじつ》ともに天下人《てんかびと》の地位《ちい》を確立《かくりつ》していく

上洛《じょうらく》…京《きょう》の都《みやこ》へ上《のぼ》ること。

太政大臣《だじょうだいじん》…律令制《りつりょうせい》における国《くに》の最高機関《さいこうきかん》・太政官《だじょうかん》の最高官《さいこうかん》。

……
秀吉様《ひでよしさま》と三成《みつなり》どのなら
必《かなら》ずや戦《いくさ》のない世《よ》を
つくってくれるはず
加賀国《かがのくに》の大名《だいみょう》・前田利家《まえだとしいえ》の大坂屋敷《おおさかやしき》で
大名《だいみょう》をもてなす宴《うたげ》が開《ひら》かれた時《とき》のこと
まってました
いよっ日本《にっぽん》一《いち》
ささ まずは一興《いっきょう》
舞《まい》をご覧《らん》あれ

一興《いっきょう》…ちょっとした面白《おもしろ》いこと。

のすっ
なんじゃい
失礼《しつれい》！
三成《みつなり》どのあの方《かた》は？
利家《としいえ》どのの義理《ぎり》の甥《おい》でござる
……
ええぞー
ははは これ！
あらよっと！
ちょこん
前田慶次《まえだけいじ》と申《もう》す
お見知《みし》りおきを……

よっこいしょ
重《おそ》り
どすっ
あの かぶき者《もの》が かしこまるとは めずらしい……
景勝《かげかつ》どのには よほど威厳《いげん》が 備《そな》わっていると お見受《みう》けした
あの男《おとこ》 ああ見《み》えて じつは連歌《れんが》も達者《たっしゃ》な 風流人《ふうりゅうびと》でしてな
あーソレ ソレ
ぬほほ
それは一度《いちど》 お手合《てあ》わせ 願《ねが》いたいもので ございまする
いよーっ
カカッ
なるほど 都《みやこ》には いろんな人間《にんげん》が いるものだな……
兼続《かねつぐ》は上洛《じょうらく》のおり 傑出《けっしゅつ》した教養《きょうよう》を評価《ひょうか》され 文化人《ぶんかじん》との交流《こうりゅう》も 盛《さか》んであったという

かぶき者《もの》…派手《はで》な格好《かっこう》をして、普通《ふつう》とは異《こと》なった行動《こうどう》をする者《もの》のこと。

連歌《れんが》…短歌《たんか》の上《かみ》の句《く》(五・七・五)と下《しも》の句《く》(七・七)を、一人《ひとり》から複数《ふくすう》の人《ひと》で交互《こうご》に詠《よ》み連《つら》ねる詩歌《しいか》。

堀直政《ほりなおまさ》…堀秀政《ほりひでまさ》（越前国北ノ庄城《えちぜんのくにきたのしょうじょう》〈現在《げんざい》の福井県福井市《ふくいけんふくいし》にあった城《しろ》〉城主《じょうしゅ》）の家臣《かしん》。

官名《かんめい》…官職《かんしょく》の名前《なまえ》。

天正《てんしょう》十五（1587）年《ねん》十月《がつ》
秀吉《ひでよし》の後《うし》ろ盾《だて》を得《え》た景勝《かげかつ》は
長年《ながねん》の内憂《ないゆう》だった
新発田重家《しばたしげいえ》の反乱《はんらん》を鎮圧《ちんあつ》
兼続《かねつぐ》の八面六臂《はちめんろっぴ》の活躍《かつやく》もあって
ようやく越後統一《えちごとういつ》を成《な》し遂《と》げた
天正《てんしょう》十六（1588）年《ねん》
兼続《かねつぐ》は越後平定《えちごへいてい》の功《こう》が認《みと》められ
山城守《やましろのかみ》の官名《かんめい》を授《さず》けられる
大名《だいみょう》の家臣《かしん》にして
天下《てんか》の政治《せいじ》を任《まか》せられるのは
そちと小早川隆景《こばやかわたかかげ》と
堀直政《ほりなおまさ》しかおらぬ
恐《おそ》れ多《おお》いことで
ございまする
天正《てんしょう》十八（1590）年《ねん》
秀吉《ひでよし》は天下統一《てんかとういつ》の総仕上《そうしあ》げとして
二十万《まん》の大軍《たいぐん》を率《ひき》いて関東《かんとう》の北条氏《ほうじょうし》を攻略《こうりゃく》

内憂《ないゆう》…国《くに》や組織内《そしきない》の心配事《しんぱいごと》。

小早川隆景《こばやかわたかかげ》…毛利輝元《もうりてるもと》（現在《げんざい》の中国地方《ちゅうごくちほう》の大大名《だいだいみょう》）の家臣《かしん》。

……
これで長《なが》かった戦《いくさ》の世《よ》が ようやく終《お》わりますな
不識庵様《ふしきあんさま》が生《い》きておられればさぞ お喜《よろこ》びになられたでしょうに……
しかし 兼続《かねつぐ》の願《ねが》いもむなしく天下統一《てんかとういつ》後《ご》も秀吉《ひでよし》は戦《いくさ》をやめなかった
文禄元《ぶんろくがん》(1592)年《ねん》朝鮮出兵《ちょうせんしゅっぺい》がはじまったのである
明《みん》
平壌《ピョンヤン》
漢城《ハンソン》
朝鮮《ちょうせん》
蔚山《ウルサン》
熊川《ウンチョン》
釜山《プサン》
日本《にほん》
名護屋城《なごやじょう》

朝鮮出兵《ちょうせんしゅっぺい》…秀吉主導《ひでよししゅどう》の遠征軍《えんせいぐん》と朝鮮《ちょうせん》との二度《にど》にわたる戦《たたか》い。ここでの朝鮮《ちょうせん》は、最後《さいご》の統一王朝《とういつおうちょう》である李朝《りちょう》(1392年《ねん》~1910年《ねん》)が支配《しはい》していた国《くに》のこと。

上杉《うえすぎ》は この熊川《ウンチョン》で 後方支援《こうほうしえん》を任《まか》され 申《もう》した
これより 築城《ちくじょう》のため 周辺《しゅうへん》を探索《たんさく》して 参《まい》ります
兼続《かねつぐ》 33歳《さい》
景勝《かげかつ》 38歳《さい》
殿下《でんか》は変《か》わって しまわれた…… いったい この戦《いくさ》の どこに義《ぎ》があると いうのだ
うん? あれは……

熊川《ウンチョン》…現在《げんざい》の大韓民国慶尚南道昌原市《だいかんみんこくキョンサンナムどうチャンウォンし》。殿下《でんか》…ここでは豊臣秀吉《とよとみひでよし》を指《さ》す。

それがし
直江《なおえ》山城《やましろ》と申《もう》す
悪《わる》いが この捨《す》て城《じろ》にゃ もう金目《かねめ》のものは ありやせんぜ 旦那《だんな》
ヌカカカ‥
宝《たから》が欲《ほ》しけりゃ 別《べつ》の城《しろ》を落《お》とす ことですな
さてと…
火《ひ》をかけるのは 今《いま》しばし待《ま》て
?
これを宝《たから》と 言《い》わずして なんとする

山城《やましろ》…山城守《やましろのかみ》のこと。
捨《す》て城《じろ》…守《まも》る兵士《へいし》がいない城《しろ》のこと。

ククク…
そんなもの畑《はたけ》の肥《こ》やしにもなりゃしませんぜ
まあな だが頭《あたま》の肥《こ》やしにはなる
書物《しょもつ》には 人々《ひとびと》の暮《く》らしを豊《ゆた》かにするための知恵《ちえ》が詰《つ》まっているということをほかの部隊《ぶたい》にも伝《つた》えてくれ
決《けっ》して焼《や》いてはならぬぞ

宇喜多秀家《うきたひでいえ》…備前国《びぜんのくに》（現在《げんざい》の岡山県南東部《おかやまけんなんとうぶ》）の戦国大名《せんごくだいみょう》。

五大老《ごたいろう》…豊臣秀吉《とよとみひでよし》の政権《せいけん》の最高諮問《さいこうしもん》（意見《いけん》を求《もと》めること）機関《きかん》。

慶長二《けいちょう》（1597）年《ねん》
小早川隆景《こばやかわたかかげ》の死去《しきょ》にともない
景勝《かげかつ》は 徳川家康《とくがわいえやす》・前田利家《まえだとしいえ》・
宇喜多秀家《うきたひでいえ》・毛利輝元《もうりてるもと》に続《つづ》き
五大老《ごたいろう》の一人《ひとり》に任命《にんめい》された
慶長三《けいちょう》（1598）年正月《ねんしょうがつ》
京都《きょうと》 伏見城《ふしみじょう》
じつは折《お》り入《い》って話《はなし》がある
会津《あいづ》に移《うつ》ってほしいのじゃ
!!
何《なに》ゆえにそのような……

伏見城《ふしみじょう》…現在《げんざい》の京都府京都市伏見区《きょうとふきょうとしふしみく》にあった、豊臣秀吉《とよとみひでよし》が築《きず》いた城《しろ》。

会津《あいづ》…現在《げんざい》の福島県会津若松市《ふくしまけんあいづわかまつし》。

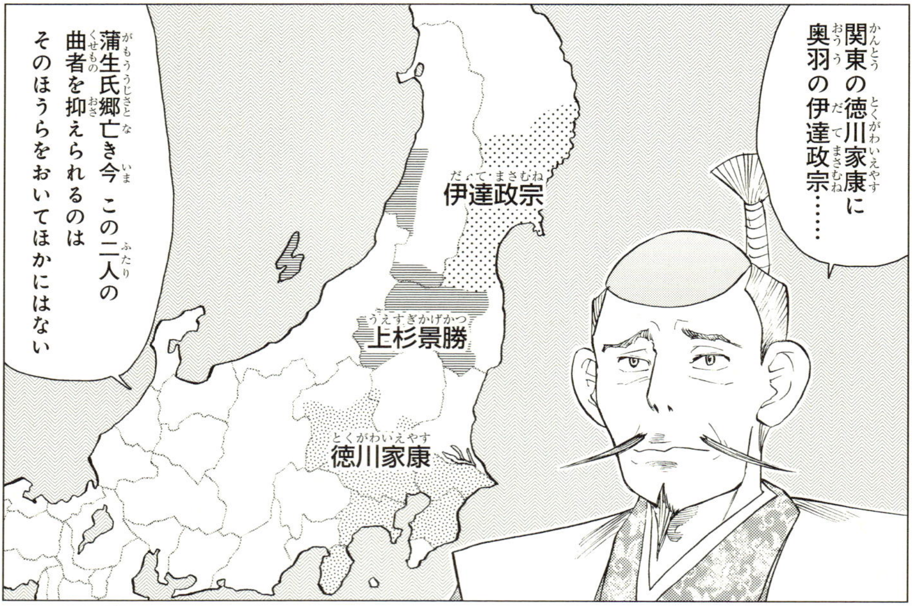
関東《かんとう》の徳川家康《とくがわいえやす》に
奥羽《おうう》の伊達政宗《だてまさむね》……
伊達政宗《だてまさむね》
上杉景勝《うえすぎかげかつ》
徳川家康《とくがわいえやす》
蒲生氏郷《がもううじさと》亡《な》き今《いま》 この二人《ふたり》の曲者《くせもの》を抑《おさ》えられるのは そのほうらをおいてほかにはない

景勝《かげかつ》には会津《あいづ》百《ひゃく》二十万石《まんごく》を そのうち米沢《よねざわ》三十万石《まんごく》を 兼続《かねつぐ》に与《あた》える

……

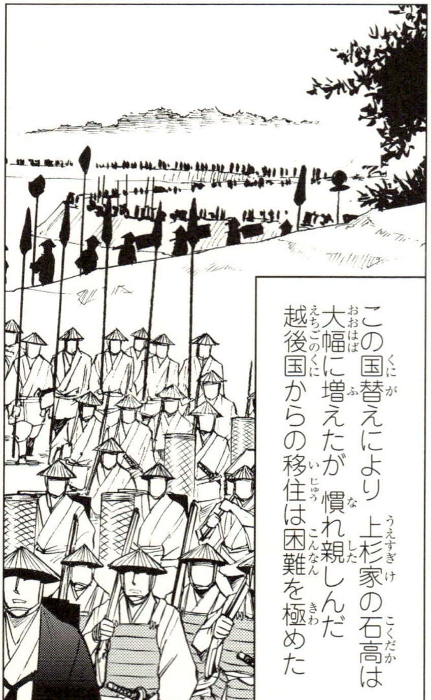
この国替《くにが》えにより 上杉家《うえすぎけ》の石高《こくだか》は大幅《おおはば》に増《ふ》えたが 慣《な》れ親《した》しんだ越後国《えちごのくに》からの移住《いじゅう》は困難《こんなん》を極《きわ》めた

米沢《よねざわ》…現在《げんざい》の山形県米沢市《やまがたけんよねざわし》。

奥羽《おうう》…現在《げんざい》の東北地方《とうほくちほう》。

伊達政宗《だてまさむね》…仙台藩《せんだいはん》（現在《げんざい》の宮城県仙台市《みやぎけんせんだいし》に藩庁《はんちょう》を置《お》いた藩《はん》）の藩祖《はんそ》。

蒲生氏郷《がもううじさと》…会津若松《あいづわかまつ》の基礎《きそ》を築《きず》いた戦国大名《せんごくだいみょう》。

こうしている間《あいだ》にも 西国《さいごく》の大名《だいみょう》たちは 朝鮮《ちょうせん》で 過酷《かこく》な戦《いくさ》を強《し》いられている
いつになれば 戦《いくさ》の世《よ》は終《お》わりを 告《つ》げるのだろうか
同年《どうねん》八月《がつ》十八日《にち》 国内外《こくないがい》で えん戦気運《せんきうん》が高《たか》まるなか 豊臣秀吉《とよとみひでよし》が死去《しきょ》――享年《きょうねん》六十二
これにより 朝鮮半島《ちょうせんはんとう》での戦《いくさ》に 終止符《しゅうしふ》が打《う》たれ 日本《にほん》の将兵《しょうへい》は ようやく帰国《きこく》の途《と》につくことができた

えん戦《せん》…戦争《せんそう》をするのを嫌《いや》だと思《おも》うこと。

第《だい》四章《しょう》　慶長《けいちょう》出羽《でわ》合戦《かっせん》

秀吉《ひでよし》に続《つづ》いて前田利家《まえだとしいえ》が亡《な》くなると
五大老《ごたいろう》の筆頭《ひっとう》の徳川家康《とくがわいえやす》が
秀頼《ひでより》（秀吉《ひでよし》の遺子《いし》）の後見人《こうけんにん》として
豊臣《とよとみ》の名《な》のもとに権力《けんりょく》を振《ふ》るうようになった
豊臣秀頼《とよとみひでより》
徳川家康《とくがわいえやす》

出羽《でわ》…現在《げんざい》の山形県《やまがたけん》と秋田県《あきたけん》。

筆頭《ひっとう》…第《だい》一番目《ばんめ》の地位《ちい》。

家康《いえやす》は手《て》はじめに 利家《としいえ》の跡《あと》を継《つ》いだ
前田利長《まえだとしなが》（利家《としいえ》の嫡男《ちゃくなん》）に対《たい》して
秀頼《ひでより》への謀叛《むほん》の疑《うたが》いをかけた
前田利長《まえだとしなが》
あわてた利長《としなが》は
実母《じつぼ》・芳春院《ほうしゅんいん》（まつ）を人質《ひとじち》として差《さ》し出《だ》し
さらに 養子《ようし》とした弟《おとうと》・利常《としつね》と
秀忠《ひでただ》（家康《いえやす》の三男《なん》）の娘《むすめ》を結婚《けっこん》させて事《こと》なきを得《え》た
芳春院《ほうしゅんいん》
続《つづ》いて標的《ひょうてき》にされたのが
移封地《いほうち》・会津《あいづ》の内政整備《ないせいせいび》のため
一時帰国《いちじきこく》していた景勝《かげかつ》であった

移封地《いほうち》…移封《いほう》（国替《くにが》え）した先《さき》の領地《りょうち》。
内政《ないせい》…国内《こくない》の政治《せいじ》。

鶴《つる》ヶ《が》城《じょう》…現在《げんざい》の福島県会津若松市《ふくしまけんあいづわかまつし》にあった若松城《わかまつじょう》の別名《べつめい》。

叛意《はんい》…謀叛《むほん》を起《お》こそうとする気持《きも》ち。

誓紙《せいし》…誓《ちか》いの言葉《ことば》を書《か》いた紙《かみ》。

神指城《こうざしじょう》の築城《ちくじょう》や街道整備《かいどうせいび》が謀叛《むほん》の準備《じゅんび》であると決《き》めつけられたのである
石高《こくだか》の増加《ぞうか》にともない 多数《たすう》の牢人《ろうにん》を雇用《こよう》したことも 合戦《かっせん》のための兵力《へいりょく》の増員《ぞういん》であるとされた
会津《あいづ》 鶴《つる》ヶ《が》城《じょう》
家康《いえやす》どのの身勝手《みがって》な振《ふ》る舞《ま》いには憤《いきどお》りを覚《おぼ》えまする!
私利私欲《しりしよく》で行動《こうどう》する者《もの》に義《ぎ》などござらぬ
……
叛意《はんい》がないと申《もう》すのであれば誓紙《せいし》を差《さ》し出《だ》し上洛《じょうらく》して弁明《べんめい》せよ

神指城《こうざしじょう》…現在《げんざい》の福島県会津若松市《ふくしまけんあいづわかまつし》にあった城《しろ》。

石高《こくだか》…収穫《しゅうかく》した米《こめ》の数量《すうりょう》。一石《こく》は大人一人《おとなひとり》が一年間《ねんかん》に消費《しょうひ》する米《こめ》の量《りょう》。

牢人《ろうにん》…主家《しゅか》をはなれた武士《ぶし》。浪人《ろうにん》。

返書《へんしょ》やいかに
……
愚問《ぐもん》でしたな
「愛《あい》して身《み》を以《もっ》て天下《てんか》と為《な》せば 乃《すなわ》ち以《もっ》て天下《てんか》を託《たく》すべし」
義《ぎ》に生《い》き義《ぎ》に殉《じゅん》じてこそ真《まこと》の武士《もののふ》ぞ！

お上《かみ》…朝廷《ちょうてい》や幕府《ばくふ》など、政治《せいじ》を執《と》り行《おこな》う機関《きかん》や人《ひと》のこと。ここでは豊臣秀頼《とよとみひでより》を指《さ》す。

逆心《ぎゃくしん》…謀叛《むほん》を起《お》こそうとする心《こころ》。

沙汰《さた》…決定《けってい》や命令《めいれい》、指示《しじ》のこと。

大坂城《おおさかじょう》
上杉家《うえすぎけ》からの返書《へんしょ》でございます
相国寺《しょうこくじ》 住職《じゅうしょく》 西笑承兌《せいしょうじょうたい》
おお！ やっと来《き》たか どれ……
上杉家《うえすぎけ》は移封地《いほうち》の領民《りょうみん》が安心《あんしん》して暮《く》らせる国《くに》づくりをしているだけでお上《かみ》をあざむくようなことは何一《なにひと》つしておりませぬ
また 当家《とうけ》に逆心《ぎゃくしん》ありなどと ありもしない偽《いつわ》りを申《もう》した者《もの》を問《と》い詰《つ》め 疑《うたが》いを晴《は》らさぬうちは 上洛《じょうらく》に応《おう》じることはできませぬ
景勝《かげかつ》が間違《まちが》っているのか内府《ないふ》(家康《いえやす》)様《さま》に表裏《ひょうり》があるのかいずれ世間《せけん》が沙汰《さた》を下《くだ》しましょう

大坂城《おおさかじょう》…現在《げんざい》の大阪府《おおさかふ》大阪市《おおさかし》にあった城《しろ》。

相国寺《しょうこくじ》…現在《げんざい》の京都府《きょうとふ》京都市《きょうとし》上京区《かみぎょうく》にある臨済宗《りんざいしゅう》の寺《てら》。

西笑承兌《せいしょうじょうたい》…徳川家康《とくがわいえやす》の命《めい》で上杉《うえすぎ》との交渉《こうしょう》にあたった。

兼続《かねつぐ》めーっ!!
ビリビリ
はっ!
本多正信《ほんだまさのぶ》はおるか
上杉《うえすぎ》を攻《せ》めるぞ!
バリッ
家康《いえやす》を激怒《げきど》させた この書状《しょじょう》は
後世《こうせい》になって「直江状《なおえじょう》」と呼《よ》ばれた

本多正信《ほんだまさのぶ》…徳川家康《とくがわいえやす》の重臣《じゅうしん》。

慶長《けいちょう》五（1600）年《ねん》六月《がつ》
家康《いえやす》は大軍《たいぐん》を率《ひき》いて京都《きょうと》の
伏見城《ふしみじょう》を出発《しゅっぱつ》し　江戸城《えどじょう》に入城《にゅうじょう》
会津征討《あいづせいとう》の機会《きかい》をうかがった
厭離穢土欣求浄土
では行《い》ってくる　お船《せん》
……あとは頼《たの》んだぞ
殿《との》　徳川《とくがわ》に勝《か》てますか？
上杉《うえすぎ》には軍神《ぐんしん》のご加護《かご》がある

鬼怒川《きぬがわ》…栃木県《とちぎけん》北西部《ほくせいぶ》から中部《ちゅうぶ》を通《とお》って、茨城県《いばらきけん》南西部《なんせいぶ》で利根川《とねがわ》に合流《ごうりゅう》する川《かわ》。

遊軍《ゆうぐん》…攻撃目標《こうげきもくひょう》を定《さだ》めず、戦《たたか》いの状況《じょうきょう》に応《おう》じて、敵《てき》への攻撃《こうげき》や味方《みかた》の援護《えんご》に回《まわ》る軍隊《ぐんたい》。

我《われ》らは越後《えちご》の龍《りゅう》 不識庵様《ふしきあんさま》の遺志《いし》を 引《ひ》き継《つ》いだのだ! 負《ま》けてたまるか

兼続《かねつぐ》は景勝《かげかつ》のもとに 諸将《しょしょう》を集《あつ》めて作戦会議《さくせんかいぎ》を開《ひら》いた
徳川軍《とくがわぐん》が鬼怒川《きぬがわ》を 越《こ》えたら 遊軍《ゆうぐん》で 迎《むか》え撃《う》ち……
負《ま》けたふりをして 奥《おく》へ退《しりぞ》き 革籠原《かわごはら》へ 誘《さそ》い込《こ》みます

革籠原《かわごはら》…現在《げんざい》の福島県《ふくしまけん》白河市《しらかわし》。

佐竹義宣《さたけよしのぶ》…常陸国《ひたちのくに》(現在《げんざい》の茨城県《いばらきけん》の大半《たいはん》)の大名《だいみょう》。関ヶ原《せきがはら》の合戦《かっせん》では豊臣方《とよとみがた》(西軍《せいぐん》)についた。

長沼《ながぬま》(上杉本隊《うえすぎほんたい》・本庄軍《ほんじょうぐん》)
陸奥国《むつのくに》
阿武隈川《あぶくまがわ》
革籠原《かわごはら》
下野国《しもつけのくに》
棚倉《たなぐら》(佐竹軍《さたけぐん》)
高原山《たかはらやま》(直江軍《なおえぐん》)
那珂川《なかがわ》
鬼怒川《きぬがわ》
小山《おやま》(徳川軍《とくがわぐん》)
そして 長沼《ながぬま》の上杉本隊《うえすぎほんたい》と本庄軍《ほんじょうぐん》 高原山《たかはらやま》の直江軍《なおえぐん》 棚倉《たなぐら》の佐竹軍《さたけぐん》で三方《ぼう》から 徳川軍《とくがわぐん》を包囲《ほうい》――
一気《いっき》に押《お》し込《こ》んで撃破《げきは》するのです
はっ!
佐竹義宣《さたけよしのぶ》 家臣団《かしんだん》
………
家康《いえやす》めに一泡《ひとあわ》吹《ふ》かせてやるわい
本庄繁長《ほんじょうしげなが》

長沼《ながぬま》…福島県《ふくしまけん》須賀川市《すかがわし》。
高原山《たかはらやま》…栃木県《とちぎけん》北部《ほくぶ》にある山《やま》。
棚倉《たなぐら》…現在《げんざい》の福島県東白川郡棚倉町《ふくしまけんひがししらかわぐんたなぐらまち》。
本庄繁長《ほんじょうしげなが》…上杉景勝《うえすぎかげかつ》の家臣《かしん》。

慶次《けいじ》も頼《たの》んだぞ
この時《とき》 前田慶次《まえだけいじ》も上杉家《うえすぎけ》の客将《かくしょう》として戦《たたか》いに参加《さんか》していた
承知《しょうち》！
一方《いっぽう》 大坂《おおさか》での石田三成《いしだみつなり》の挙兵《きょへい》を家康《いえやす》が知《し》ったのは 七月二十四日《がつにじゅうよっか》 下野国《しもつけのくに》 小山《おやま》でのことだった
三成《みつなり》め うまいこと釣《つ》られおったわ…… して 奴《やつ》の軍勢《ぐんぜい》の規模《きぼ》は？ 五千《せん》か？ 一万《まん》か？
そ それが…… 少《すく》なくとも十万《まん》 総大将《そうだいしょう》は毛利輝元《もうりてるもと》どのにございます

客将《かくしょう》…客《きゃく》として扱《あつか》われる武将《ぶしょう》。

下野国《しもつけのくに》 小山《おやま》…現在《げんざい》の栃木県《とちぎけん》小山市《おやまし》。

じゅ……十万《まん》じゃと!?
家康《いえやす》が大軍《たいぐん》を率《ひき》いて会津征討《あいづせいとう》に向《む》かったのは自分《じぶん》の留守中《るすちゅう》に三成《みつなり》が挙兵《きょへい》することを促《うなが》すためだったが――
五奉行筆頭《ごぶぎょうひっとう》とはいえ一官僚《かんりょう》にすぎない三成《みつなり》がこれほどの大軍《たいぐん》を動員《どういん》できるとはさしもの家康《いえやす》も計算違《けいさんちが》いをしたのである
もし このまま上杉《うえすぎ》を攻《せ》めれば東上《とうじょう》してくる西軍《せいぐん》との挟《はさ》み撃《う》ちにおうてしまうではないか
ええい! ただちに諸将《しょしょう》を集《あつ》めよ!
わしにつくか 三成《みつなり》か おのおの方《がた》 いかに?
奸臣《かんしん》 三成《みつなり》を討《う》つべし!
七月《がつ》二十五日《にち》家康《いえやす》は小山評定《おやまひょうじょう》で東軍《とうぐん》の結束《けっそく》を確認《かくにん》すると会津《あいづ》への遠征軍《えんせいぐん》を反転《はんてん》させ西《にし》へ向《む》かわせた
我《われ》ら家康《いえやす》どのにお味方《みかた》いたす!

五奉行《ごぶぎょう》…豊臣秀吉《とよとみひでよし》が設《もう》けた、政権《せいけん》の実務《じつむ》を司《つかさど》る職《しょく》。

官僚《かんりょう》…国政《こくせい》に影響力《えいきょうりょく》を持《も》つ役人《やくにん》。

奸臣《かんしん》…悪《わる》い心《こころ》を持《も》った家臣《かしん》。

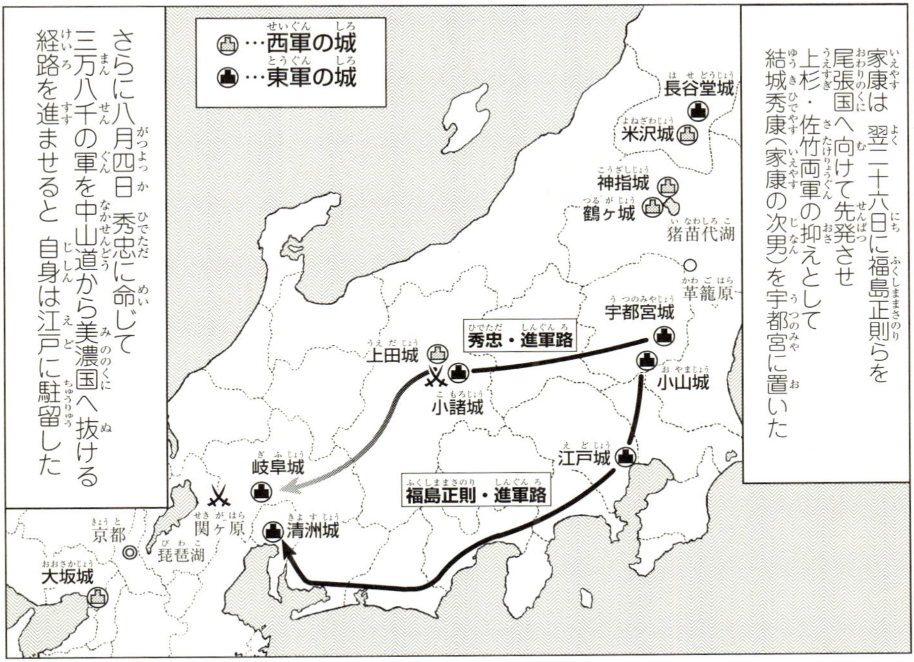
家康《いえやす》は 翌《よく》二十六日《にち》に福島正則《ふくしままさのり》らを
尾張国《おわりのくに》へ向《む》けて先発《せんぱつ》させ
上杉《うえすぎ》・佐竹両軍《さたけりょうぐん》の抑《おさ》えとして
結城秀康《ゆうきひでやす》（家康《いえやす》の次男《じなん》）を宇都宮《うつのみや》に置《お》いた
さらに八月四日《がつよっか》 秀忠《ひでただ》に命《めい》じて
三万《まん》八千の軍《ぐん》を中山道《なかせんどう》から美濃国《みののくに》へ抜《ぬ》ける
経路《けいろ》を進《すす》ませると 自身《じしん》は江戸《えど》に駐留《ちゅうりゅう》した
…西軍《せいぐん》の城《しろ》
…東軍《とうぐん》の城《しろ》
長谷堂城《はせどうじょう》
米沢城《よねざわじょう》
神指城《こうざしじょう》
鶴ヶ城《つるがじょう》
猪苗代湖《いなわしろこ》
革籠原《かわごはら》
宇都宮城《うつのみやじょう》
秀忠《ひでただ》・進軍路《しんぐんろ》
上田城《うえだじょう》
小諸城《こもろじょう》
小山城《おやまじょう》
江戸城《えどじょう》
岐阜城《ぎふじょう》
福島正則《ふくしままさのり》・進軍路《しんぐんろ》
関ヶ原《せきがはら》
清洲城《きよすじょう》
京都《きょうと》
琵琶湖《びわこ》
大坂城《おおさかじょう》

家康《いえやす》が江戸《えど》で上杉《うえすぎ》・佐竹両軍《さたけりょうぐん》の出方《でかた》を
うかがいながら 全国《ぜんこく》の有力大名《ゆうりょくだいみょう》や
武将《ぶしょう》 八十二名《めい》に宛《あ》てた書簡《しょかん》は
じつに百六十通余《ひゃくつうあま》りといわれている
今《いま》 ここで上杉《うえすぎ》が 追撃《ついげき》してきたら 何《なに》もかも ああ 終《お》わりじゃ……！
いずれも 自分《じぶん》に味方《みかた》するように
という内容《ないよう》である
兼続《かねつぐ》なら ためらわず 背後《はいご》を突《つ》いてくる！ 彼奴《きゃつ》は景勝《かげかつ》とは違《ちが》う！
頼《たの》む！ 誰《だれ》か…… 誰《だれ》でもいい 助《たす》けてくれ！

福島正則《ふくしままさのり》…豊臣秀吉《とよとみひでよし》に仕《つか》えた戦国大名《せんごくだいみょう》。関ヶ原《せきがはら》の合戦《かっせん》では徳川家康《とくがわいえやす》（東軍《とうぐん》）についた。

尾張国《おわりのくに》…現在《げんざい》の愛知県西部《あいちけんせいぶ》。

宇都宮《うつのみや》…現在《げんざい》の栃木県宇都宮市《とちぎけんうつのみやし》。

中山道《なかせんどう》…現在《げんざい》の東京都中央区《とうきょうとちゅうおうく》の日本橋《にほんばし》から、京都府京都市《きょうとふきょうとし》の三条大橋《さんじょうおおはし》までを結《むす》ぶ、内陸《ないりく》を通《とお》る街道《かいどう》。

美濃国《みののくに》…現在《げんざい》の岐阜県南部《ぎふけんなんぶ》。

彼奴《きゃつ》…あいつ。

長沼《ながぬま》 景勝本陣《かげかつほんじん》
家康《いえやす》が陣《じん》を払《はら》ったと いうのは まことか 慶次《けいじ》
三成《みつなり》どのが上方《かみがた》で 挙兵《きょへい》したものと 思《おも》われます
しまった！ もう少《すこ》し…… 家康《いえやす》が会津《あいづ》に入《はい》ってから 挙兵《きょへい》してくれたなら……
いや まだ勝機《しょうき》は 逸《いっ》しておらぬ！
お屋形様《やかたさま》！ 家康《いえやす》を追撃《ついげき》しましょう 勝《か》てますぞ！ 今《いま》ならば
!?

上方《かみがた》…京都《きょうと》およびその周辺一帯《しゅうへんいったい》。

敵《てき》の背《せ》は討《う》たぬ
ピタッ
……
……し しかし……
今《いま》追《お》わねば次《つぎ》はさらなる大軍《たいぐん》を上杉《うえすぎ》は迎《むか》え撃《う》つことになりますぞ！
くるり
……
そんな……

手取川《てどりがわ》の戦《たたか》いで不識庵様《ふしきあんさま》は逃《に》げる敵《てき》を追《お》わなかった……
それは先代《せんだい》の信条《しんじょう》だが……今《いま》は！
何《なに》 それはまことか？
出羽《でわ》の最上義光《もがみよしあき》が米沢《よねざわ》と庄内《しょうない》を結《むす》ぶ街道《かいどう》の分断《ぶんだん》を謀《はか》ろうとしておるようですぞ
庄内地方《しょうないちほう》
伊達《だて》
最上《もがみ》
長谷堂城《はせどうじょう》
米沢城《よねざわじょう》
上杉《うえすぎ》
徳川《とくがわ》も気《き》になるが後顧《こうこ》の憂《うれ》いを絶《た》つ必要《ひつよう》もあるかと……
ならば お屋形様《やかたさま》 最上攻《もがみぜ》めの下知《げち》を！

後顧《こうこ》の憂《うれ》い…あとあとの心配《しんぱい》。

最上義光《もがみよしあき》…出羽国《でわのくに》の大名《だいみょう》。豊臣秀吉《とよとみひでよし》に仕《つか》えるが、関ケ原《せきがはら》の合戦《かっせん》では徳川家康《とくがわいえやす》（東軍《とうぐん》）についた。

庄内《しょうない》…現在《げんざい》の山形県《やまがたけん》の日本海沿岸地域《にほんかいえんがんちいき》。

応仁《おうにん》の乱《らん》…諸国《しょこく》の守護大名《しゅごだいみょう》が、細川勝元《ほそかわかつもと》率《ひき》いる東軍《とうぐん》と山名持豊《やまなもちとよ》(宗全《そうぜん》)率《ひき》いる西軍《せいぐん》に分《わ》かれて、十一年間《ねんかん》にわたり、京都《きょうと》を主戦場《しゅせんじょう》として戦《たたか》った大乱《たいらん》。

すっ
ははーっ!
!!
今《いま》できることを 精一杯《せいいっぱい》やろう
応仁《おうにん》の乱《らん》は 十一年《ねん》…… この戦《いくさ》も きっと 長引《ながび》くに違《ちが》いない
九月《がつ》—— 兼続《かねつぐ》は景勝《かげかつ》を米沢《よねざわ》に残《のこ》し 二万数千《まんすうせん》の軍勢《ぐんぜい》で 最上軍《もがみぐん》の重要拠点《じゅうようきょてん》 長谷堂城《はせどうじょう》を取《と》り囲《かこ》んだ
クアアア
かかれーっ!

長谷堂城《はせどうじょう》…現在《げんざい》の山形県山形市《やまがたけんやまがたし》にあった城《しろ》。

長谷堂城《はせどうじょう》での戦《たたか》いは
熾烈《しれつ》を極《きわ》めたが——
何《なに》っ!? 西軍《せいぐん》が総崩《そうくず》れだと
しかも半日《はんにち》で?
信《しん》じられぬ 数《かず》の上《うえ》では優位《ゆうい》だったはず……!
なぜだ……友《とも》よ
その時《とき》すでに関ケ原《せきがはら》の合戦《かっせん》で
東軍《とうぐん》・家康《いえやす》が 西軍《せいぐん》・三成《みつなり》に
圧勝《あっしょう》していたのである
こうしては おれぬぞ!
これより ただちに全軍《ぜんぐん》 米沢《よねざわ》 そして 会津《あいづ》に退却《たいきゃく》する

最上軍《もがみぐん》の追撃《ついげき》は執拗《しつよう》であったが
前田慶次《まえだけいじ》らの奮闘《ふんとう》もあり
上杉軍《うえすぎぐん》は無事《ぶじ》に 全軍《ぜんぐん》
会津《あいづ》へ撤退《てったい》することができた
クアッ
ウオオオオオオ
この兼続《かねつぐ》の撤退戦《てったいせん》は
のちに敵《てき》である家康《いえやす》や最上義光《もがみよしあき》さえも
絶賛《ぜっさん》したほど見事《みごと》なものであったという

第《だい》五章《しょう》　米沢《よねざわ》

こたび…この度《たび》。

言上《ごんじょう》…身分《みぶん》の高《たか》い人《ひと》に言《い》うこと。

恐《おそ》れながら言上《ごんじょう》つかまつる！
上杉《うえすぎ》は 逃《に》げる敵《てき》を追《お》わず
何《なに》い〜っ？ 逃《に》げるじゃと！
ぬう…… 兼続《かねつぐ》めが〜

……
痛《いた》いところを突《つ》いてきおるわ
パタ パタ
まあよい……いずれにせよ会津《あいづ》百《ひゃく》二十万石《まんごく》は没収《ぼっしゅう》じゃ
……
そのかわり米沢《よねざわ》三十万石《まんごく》は好《す》きにせい！
パチン
これで借《か》りは返《かえ》したぞ
ばっ
異存《いぞん》はないな？

会津《あいづ》 鶴《つる》ケ《が》城《じょう》
米沢《よねざわ》三十万石《まんごく》
上杉家《うえすぎけ》に残《のこ》されたのは
それだけだ
四分《ぶん》の一では
ござらぬか!
……
あ いやその……いささか
少《すく》のうございますな
案《あん》ずるな

先代《せんだい》・不識庵様《ふしきあんさま》の蓄《たくわ》えが
あるうちは　皆《みな》の家禄《かろく》は
三分《ぶん》の一で済《す》む
蓄《たくわ》えが尽《つ》きる前《まえ》に
皆《みな》で米沢《よねざわ》の未開地《みかいち》を
開墾《かいこん》しようではないか
ははーーっ
新参《しんざん》の牢人衆《ろうにんしゅう》は再《ふたた》び去《さ》っていったが
譜代《ふだい》の家臣《かしん》は皆《みな》
減封《げんぽう》を受《う》け入《い》れて景勝《かげかつ》に従《したが》った
仙台城《せんだいじょう》
山形城《やまがたじょう》
米沢城《よねざわじょう》
猪苗代湖《いなわしろこ》
鶴《つる》ヶ《が》城《じょう》
兼続《かねつぐ》は　六万石《まんごく》だった自分《じぶん》の家禄《かろく》を
五千石《せんごく》に減《へ》らして
あとは　すべて景勝《かげかつ》に返上《へんじょう》し
自《みずか》ら先頭《せんとう》に立《た》って内政《ないせい》に力《ちから》を注《そそ》いだ

家禄《かろく》…主君《しゅくん》が家臣《かしん》に与《あた》えた世襲制《せしゅうせい》の給料《きゅうりょう》。

開墾《かいこん》…山野《さんや》を切《き》り開《ひら》いて田畑《たはた》にすること。

譜代《ふだい》…代々《だいだい》同《おな》じ主家《しゅけ》に仕《つか》えていること。

減封《げんぽう》…主君《しゅくん》が家臣《かしん》の領地《りょうち》を減《へ》らすこと。

それは 殖産興業《しょくさんこうぎょう》の普及《ふきゅう》にはじまり
治水工事《ちすいこうじ》や新田開発《しんでんかいはつ》 鉱山開発《こうざんかいはつ》など
先代《せんだい》・謙信《けんしん》の偉業《いぎょう》を
ほうふつとさせるものであった
直江石堤《なおえせきてい》
そのかいあって 三十数年後《すうねんご》の
寛永《かんえい》十五(1638)年《ねん》に行《おこな》われた
領内《りょうない》の総検地《そうけんち》では 実収《じっしゅう》五十二万《まん》
七千余石《せんよこく》であることが判明《はんめい》する
景勝《かげかつ》 52歳《さい》
兼続《かねつぐ》 47歳《さい》
兼続《かねつぐ》が築《きず》いた米沢藩政《よねざわはんせい》の基礎《きそ》は
その後《ご》も受《う》け継《つ》がれ発展《はってん》を遂《と》げた
やがて 九代藩主《だいはんしゅ》・上杉治憲《うえすぎはるのり》(号《ごう》して
鷹山《ようざん》)の代《だい》には
財政破綻寸前《ざいせいはたんすんぜん》の窮地《きゅうち》に追《お》い込《こ》まれた
米沢藩《よねざわはん》を救《すく》う指針《ししん》となるが
それはまた ずっとあとの話《はなし》——

直江石堤…現在の山形県米沢市にあった、松川の水害を防止するためにつくられた堤防。
殖産興業《しょくさんこうぎょう》…生産《せいさん》を増やして産業《さんぎょう》を盛《さか》んにすること。
実収《じっしゅう》…実際《じっさい》の収入《しゅうにゅう》。
検地《けんち》…領主《りょうしゅ》が、領民《りょうみん》の年貢《ねんぐ》の量《りょう》を決《き》めるために、領内《りょうない》の田畑《たはた》などの面積《めんせき》や収穫量《しゅうかくりょう》を調《しら》べた。

指針《ししん》…目指《めざ》す方向《ほうこう》や取《と》るべき行動《こうどう》を示《しめ》す方針《ほうしん》。頼《たよ》りとなるもの。

元和《げんな》五（1619）年《ねん》十二月《がつ》十九日《にち》
兼続《かねつぐ》は病《やまい》の床《とこ》についていた
わしが死《し》んだら
皆《みな》 さぞ わしを悪《あ》しざまに
ののしるであろうな
……危《あや》うく上杉《うえすぎ》を
滅《ほろ》ぼしかけた奸臣《かんしん》と
それが お前様《まえさま》の望《のぞ》みで
ございましょう？
そうとも……景勝様《かげかつさま》は
誤《あやま》ってはならぬ……すべての
責任《せきにん》は このわしにある

ポロリ
お船《せん》……ありがとうな
不識庵様《ふしきあんさま》……これで よろしゅうございますな?
これで……
すうっ
もう矢《や》や鉄砲《てっぽう》の玉《たま》が飛《と》んでくる時代《じだい》は終《お》わりました
安心《あんしん》してお休《やす》みなされませ……殿《との》

兼続《かねつぐ》が老後《ろうご》に養子《ようし》を取《と》らず
直江家《なおえけ》を自分《じぶん》の代《だい》で終《お》わらせたのは
景勝《かげかつ》に高禄《こうろく》を返上《へんじょう》して
恩《おん》に報《むく》いるためだったといわれている
直江兼続《なおえかねつぐ》、享年《きょうねん》六十

高禄《こうろく》…多額《たがく》の給料《きゅうりょう》のこと。

直江《なおえ》兼続《かねつぐ》を知《し》るための
基《き》礎《そ》知《ち》識《しき》

解説《かいせつ》

加来耕三《かくこうぞう》

戦国時代《せんごくじだい》にあって、上杉謙信《うえすぎけんしん》亡《な》きあとの上杉家《うえすぎけ》の舵取《かじと》りを任《まか》され、主君《しゅくん》・景勝《かげかつ》を補佐《ほさ》し、豊臣秀吉《とよとみひでよし》―徳川家康《とくがわいえやす》の天下《てんか》を生《い》き抜《ぬ》いたのが直江兼続《なおえかねつぐ》であった。彼《かれ》の生涯《しょうがい》は、先君《せんくん》・謙信《けんしん》に出会《であ》ったことで、ほぼ定《さだ》まったといえなくもない。

下位《かい》の者《もの》が上位《じょうい》の者《もの》を実力《じつりょく》で押《お》しのける戦国乱世《せんごくらんせい》にあって、私利《しり》私《し》欲《よく》を排除《はいじょ》し、正義《せいぎ》の旗《はた》を掲《かか》げ、〝義戦《ぎせん》〟(1)にのみ明《あ》け暮《く》れた武将《ぶしょう》は、ひとり越後国《えちごのくに》（現《げん》・新潟県《にいがたけん》）の上杉謙信《うえすぎけんしん》だけであったろう。

幼少期《ようしょうき》を仏門《ぶつもん》に暮《く》らした謙信《けんしん》は、師《し》である曹洞宗《そうとうしゅう》・林泉寺《りんせんじ》の天室《てんしつ》光育《こういく》に宛《あ》てた書状《しょじょう》の中《なか》で、次《つぎ》のように述《の》べていた。

「唯筋目《ただすじめ》計《ばか》り御納得仰《ごなっとくあお》ぐ所《ところ》に候《そうろう》」

筋目《すじめ》――武将《ぶしょう》、国主《こくしゅ》としてのあるべき姿《すがた》、その言動《げんどう》が、正義《せいぎ》か否《いな》か。義将《ぎしょう》として、自分《じぶん》がどのように振《ふ》る舞《ま》ってきたかを、謙信《けんしん》は常《つね》に反省《はんせい》していた。しかしこの名将《めいしょう》は、天正《てんしょう》六（一五七八）年《ねん》三月《がつ》、四十九

（1）義戦《ぎせん》…正義《せいぎ》のための戦《たたか》い。

年《ねん》を一期《いちご》(2)に、病《やまい》のためその生涯《しょうがい》を閉《と》じる。その悲願《ひがん》は当時《とうじ》十九歳《さい》の、謙信《けんしん》の〝愛弟子《まなでし》〟たる直江山城守兼続《なおえやましろのかみかねつぐ》に受《う》け継《つ》がれた。

兼続《かねつぐ》は、幼名《ようみょう》を与六《よろく》。永禄《えいろく》三（一五六〇）年《ねん》、越後上杉家《えちごうえすぎけ》の陪臣《ばいしん》(3)・樋口惣右衛門兼豊《ひぐちそうえもんかねとよ》の子《こ》として生《う》まれている。生来《せいらい》の利発《りはつ》を謙信《けんしん》に認《みと》められ、その後継者《こうけいしゃ》（養子《ようし》・謙信《けんしん》の姉《あね》の子《こ》）である景勝付《かげかつづ》きの近習《きんじゅ》(4)となった。

資質《ししつ》も謙信《けんしん》に似《に》かようところが多《おお》かったようで、兼続《かねつぐ》は平生《へいぜい》から謙信同様《けんしんどうよう》に学問《がくもん》を好《この》み、宗教《しゅうきょう》を尊《たっと》び、それでいて兼続《かねつぐ》は謙信《けんしん》と異《こと》なり、観念論者《かんねんろんじゃ》(5)ではなく、終始《しゅうし》、現実的《げんじつてき》な政治家《せいじか》としての目《め》を養《やしな》った。

謙信《けんしん》が没《ぼっ》すると、上杉家《うえすぎけ》では謙信《けんしん》のもう一人《ひとり》の養子《ようし》・景虎《かげとら》（北条氏康《ほうじょううじやす》の七男《なん》）と、景勝《かげかつ》との間《あいだ》に、跡目相続《あとめそうぞく》(6)をめぐる紛争《ふんそう》＝〝御館《おたて》の乱《らん》〟が起《お》きる。この時《とき》、兼続《かねつぐ》は進《すす》んで主戦論《しゅせんろん》(7)を展開《てんかい》した。

聡明《そうめい》な彼《かれ》には、仮《かり》に内戦《ないせん》を回避《かいひ》したとしても、相模国《さがみのくに》（現《げん》・神奈川県《かながわけん》の大半《たいはん》）の北条氏《ほうじょうし》を実家《じっか》に持《も》つ景虎《かげとら》が、上杉家督相続権《うえすぎかとくそうぞくけん》を放棄《ほうき》するとは考《かんが》えられなかった。

(2)一期《いちご》…最期《さいご》。

(3)陪臣《ばいしん》…家臣《かしん》の家来《けらい》。

(4)近習《きんじゅ》…主君《しゅくん》のそばに仕《つか》える者《もの》。

(5)観念論者《かんねんろんじゃ》…頭《あたま》のなかで考《かんが》えた理想《りそう》を重《おも》んじる人《ひと》。

(6)跡目《あとめ》…一家《いっか》の当主《とうしゅ》としての身分《みぶん》。家督《かとく》。

(7)主戦論《しゅせんろん》…戦争《せんそう》することを主張《しゅちょう》すること。

「当面《とうめん》の安泰《あんたい》を策《さく》するより、この際《さい》は断固戦《だんこたたか》って、将来《しょうらい》に禍根《かこん》を残《のこ》すべきではない――」

上杉家内戦《うえすぎけないせん》の旗色《はたいろ》は、当初《とうしょ》、景勝側《かげかつがわ》が不利《ふり》であった。

だが、兼続《かねつぐ》は家中《かちゅう》の動揺《どうよう》をしずめる努力《どりょく》をする一方《いっぽう》で、敵側《てきがわ》の同盟《どうめい》・甲斐国《かいのくに》（現《げん》・山梨県《やまなしけん》）の武田勝頼《たけだかつより》（信玄《しんげん》の後継者《こうけいしゃ》）に誼《よしみ》(8)を通《つう》じ、北条氏《ほうじょうし》を牽制《けんせい》して、時間《じかん》をかせぎ、ついには一年余《ねんあま》りに及《およ》んだ抗争《こうそう》に勝利《しょうり》する。ときに主君《しゅくん》・景勝《かげかつ》二十五歳《さい》、兼続《かねつぐ》はわずか二十歳《はたち》であった。

天正《てんしょう》九（一五八一）年《ねん》、景勝《かげかつ》は、兼続《かねつぐ》に越後《えちご》の名門《めいもん》・上杉家《うえすぎけ》の宿老《しゅくろう》のなかでも地位《ちい》、由緒《ゆいしょ》ともに抜群《ばつぐん》の「直江《なおえ》」姓《せい》を継《つ》がせ、兼続《かねつぐ》を名実《めいじつ》ともに上杉家《うえすぎけ》の宰相《さいしょう》(9)の地位《ちい》に押《お》し上《あ》げた。

そして間《ま》もなく兼続《かねつぐ》は、景勝《かげかつ》からきわめて広範《こうはん》な権限《けんげん》を委譲《いじょう》され、上杉家《うえすぎけ》の最高軍事指揮権《さいこうぐんじしきけん》を掌握《しょうあく》する。翌年《よくねん》の六月《がつ》、織田信長《おだのぶなが》が本能寺《ほんのうじ》で横死《おうし》(10)すると、兼続《かねつぐ》は上杉家《うえすぎけ》を、羽柴《はしば》（のち豊臣《とよとみ》）秀吉傘下《ひでよしさんか》の大名《だいみょう》に直《なお》る道《みち》を選択《せんたく》する。

天正《てんしょう》十四（一五八六）年《ねん》五月《がつ》、景勝《かげかつ》は秀吉《ひでよし》の求《もと》めに応《おう》じて、兼続《かねつぐ》

(8) 誼《よしみ》を通《つう》じる…親《した》しい関係《かんけい》になろうと働《はたら》きかける。

(9) 宰相《さいしょう》…君主《くんしゅ》を補佐《ほさ》して政務《せいむ》を統率《とうそつ》する人《ひと》。

(10) 横死《おうし》…不慮《ふりょ》の災難《さいなん》で死《し》ぬこと。

ともに四千《せん》の兵《へい》を率《ひき》いて春日山城《かすがやまじょう》を出発《しゅっぱつ》。六月七日《がつなのか》に、上洛《じょうらく》を果《は》たした。この時期《じき》、秀吉《ひでよし》はすでに中国《ちゅうごく》・四国《しこく》を手中《しゅちゅう》にし、「関白《かんぱく》」に任《にん》ぜられて、事実上《じじつじょう》の天下人《てんかびと》となっていた。

ところで秀吉《ひでよし》は、初対面《しょたいめん》から兼続《かねつぐ》を高《たか》く評価《ひょうか》していたと伝《つた》えられる。天正《てんしょう》十六（一五八八）年《ねん》の上洛《じょうらく》に際《さい》しては、兼続《かねつぐ》を上杉家《うえすぎけ》の重臣《じゅうしん》にもかかわらず、従五位下《じゅごいのげ》・山城守《やましろのかみ》へと叙任《じょにん》をはかり、豊臣姓《とよとみせい》の名乗《なの》りも景勝《かげかつ》とともに許《ゆる》すなど、景勝《かげかつ》と等《ひと》しい厚遇《こうぐう》をもって接《せっ》した。

慶長《けいちょう》三（一五九八）年《ねん》、秀吉《ひでよし》は越後《えちご》から陸奥国会津《むつのくにあいづ》（現《げん》・福島県《ふくしまけん》会津若松市《あいづわかまつし》）百《ひゃく》二十万石《まんごく》へ、景勝《かげかつ》を移封《いほう》(11)させたが、このおり兼続《かねつぐ》には出羽国米沢《でわのくによねざわ》（現《げん》・山形県米沢市《やまがたけんよねざわし》）三十万石《まんごく》を宛《あ》てがうように、と特《とく》に念《ねん》を押《お》している。

この時《とき》、兼続《かねつぐ》がもし野心《やしん》を抱《いだ》けば、彼《かれ》は秀吉《ひでよし》の直臣《じきしん》(12)ともなり得《え》たであろうし、大名《だいみょう》として景勝《かげかつ》と競《きそ》い合《あ》う立場《たちば》にたつことも可能《かのう》であった。が、兼続《かねつぐ》はそうした私利私欲《しりしよく》を持《も》たず、どこまでも景勝《かげかつ》の臣《しん》、上杉《うえすぎ》家《け》の宰相《さいしょう》としての地位《ちい》に甘《あま》んじつづけたのであった。

(11)移封《いほう》…大名《だいみょう》の配置《はいち》換《が》えのこと。国替《くにが》え、転封《てんぽう》ともいう。

(12)直臣《じきしん》…直属《ちょくぞく》の家臣《かしん》。

景勝《かげかつ》が会津《あいづ》に国替《くにが》えとなった年《とし》の八月《がつ》、天下人《てんかびと》秀吉《ひでよし》は幼《おさな》い後継者《こうけいしゃ》・秀頼《ひでより》を残《のこ》して没《ぼっ》する。享年《きょうねん》六十二。

その天下《てんか》をねらったのが、徳川家康《とくがわいえやす》である。彼《かれ》は関東《かんとう》の背後《はいご》に憂《うれ》いなきよう、会津上杉家《あいづうえすぎけ》に謀叛《むほん》の兆《きざ》しあり、との難癖《なんくせ》をつけたことは今日《こんにち》よく知《し》られている。家康《いえやす》は景勝《かげかつ》に上洛《じょうらく》を命《めい》じたが、景勝《かげかつ》はこれに応《おう》じなかった。同時《どうじ》に、兼続《かねつぐ》が家康《いえやす》にあてた宣戦布告《せんせんふこく》の書状《しょじょう》として名高《なだか》い「直江状《なおえじょう》」も、この頃《ころ》に発《はっ》せられたと伝《つた》えられている。

もっとも、この「直江状《なおえじょう》」なるものは、今日《こんにち》では後世《こうせい》の偽作《ぎさく》とするのが通史《つうし》となっているが、それでも最後《さいご》の一文《ぶん》の、

「内府《ないふ》（家康《いえやす》）様又《さままた》は中納言《ちゅうなごん》（秀忠《ひでただ》）様御下向《さまおんげこう》の由《よし》に候由《そうろうよし》、万端御《ばんたんおん》下向次第《げこうしだい》に仕《つかまつ》るべく候《そうろう》」

などといったくだりは、いかにも当時《とうじ》の兼続《かねつぐ》の心情《しんじょう》を吐露《とろ》させれば、この通《とお》りであったかと思《おも》われる。

いずれ家康《いえやす》や嗣子《しし》(13)の秀忠《ひでただ》が、会津《あいづ》に攻《せ》め寄《よ》せるとのことだから、万事《ばんじ》はそのおりに、実力《じつりょく》で決着《けっちゃく》をつけようというのである。

(13)嗣子《しし》…跡継《あとつ》ぎの子《こ》。

では、このおり兼続《かねつぐ》は、家康《いえやす》の軍勢《ぐんぜい》を迎撃《げいげき》すべく、どのような戦《せん》略《りゃく》・戦術《せんじゅつ》を策定《さくてい》していたのであろうか。

『名将言行録《めいしょうげんこうろく》』（岡谷繁実著《おかのやしげざねちょ》）ほかによれば、家康軍《いえやすぐん》を予定《よてい》した主戦《しゅせん》場《じょう》（たとえば革籠原《かわごはら》〈皮籠原《かわごはら》＝現《げん》・福島県白河市《ふくしまけんしらかわし》〉）に誘《さそ》い込《こ》み、三方《ぼう》に伏《ふ》せた主力《しゅりょく》でもって痛撃《つうげき》をあたえ、一戦《せん》で徳川勢《とくがわぜい》を追《お》い落《お》とす作《さく》戦《せん》であったように思《おも》われる。敵軍《てきぐん》を自領《じりょう》に迎《むか》える手前《てまえ》で、速戦《そくせん》してたたくのは、謙信以来《けんしんいらい》の上杉戦法《うえすぎせんぽう》でもあった。

しかしながら、事前連絡《じぜんれんらく》のなかった石田三成《いしだみつなり》の挙兵《きょへい》は、あまりにも早過《はやす》ぎた。ために白河経由《しらかわけいゆ》で進攻《しんこう》するはずの家康《いえやす》は、下野国小山《しもつけのくにおやま》（現《げん》・栃木県小山市《とちぎけんおやまし》）から軍《ぐん》を返《かえ》してしまった。それでも兼続《かねつぐ》は動《どう》じなかった。臨戦態勢《りんせんたいせい》をとっている無敵《むてき》の越後勢《えちごぜい》をもって、白河口《しらかわぐち》（現《げん》・福島県白河市《ふくしまけんしらかわし》）を打《う》って出《で》て、家康軍《いえやすぐん》を追尾《ついび》し、無理《むり》にも一戦《せん》を挑《いど》み、時間《じかん》をかせぎさえすれば、西《にし》の三成《みつなり》との挟撃[14]態勢《きょうげきたいせい》は完璧《かんぺき》となる。

ところが、上杉軍《うえすぎぐん》は動《うご》かずに、この局面《きょくめん》を静観《せいかん》してしまう。

「人《ひと》の危《あや》うきに乗《じょう》ずるは、上杉兵法《うえすぎへいほう》に非《あら》ず」

(14)挟撃《きょうげき》…挟《はさ》み撃《う》ち。

これまで一度《いちど》として、兼続《かねつぐ》と見解《けんかい》を異《こと》にしなかった主君《しゅくん》の景勝《かげかつ》が、めずらしく首《くび》を横《よこ》に振《ふ》ったのだ。〝勝《か》てるがゆえに戦《たたか》わず〟の謙信《けんしん》の美《び》学《がく》が、景勝《かげかつ》をして言《い》わしめたのであろうか。

――兼続《かねつぐ》は懸命《けんめい》に、主君《しゅくん》・景勝《かげかつ》に喰《く》いさがった。

もし今《いま》、家康《いえやす》を討《う》たなければ、次《つぎ》は上杉家《うえすぎけ》が討《う》たれまする、と。

だが、ついに景勝《かげかつ》は自説《じせつ》を曲《ま》げなかった。兼続《かねつぐ》は仕方《しかた》なく、次善《じぜん》の策《さく》として、家康《いえやす》が天下人《てんかびと》となって進攻《しんこう》してくる日《ひ》に備《そな》え、領国《りょうごく》の拡大《かくだい》を計画《けいかく》した。が、〝天下分《てんかわ》け目《め》の戦《たたか》い〟は一日《にち》で決着《けっちゃく》がつき、兼続《かねつぐ》の策《さく》は潰《つい》え去《さ》る。

国境《こっきょう》を閉《と》ざして家康方《いえやすがた》の東軍《とうぐん》に備《そな》えながら、兼続《かねつぐ》は秘《ひそ》かに外交交渉《がいこうこうしょう》を進《すす》め、名誉《めいよ》ある降参《こうさん》、和平《わへい》の可能性《かのうせい》を摸索《もさく》。主家《しゅけ》の社稷《しゃしょく》[15]を全《まっと》うすべく、苦渋《くじゅう》に満《み》ちた手段《しゅだん》を講《こう》じる。

家康《いえやす》の宿老《しゅくろう》・本多佐渡守正信《ほんださどのかみまさのぶ》に誼《よしみ》を通《つう》じ、その次男《じなん》・政重《まさしげ》を直江《なおえ》家《け》の養子《ようし》に、政重《まさしげ》の子《こ》を上杉家《うえすぎけ》の相続人《そうぞくにん》とする含《ふく》みまで持《も》たせ（『本《ほん》多家譜《だかふ》』）、上杉家《うえすぎけ》の存続《そんぞく》をはかった。その結果《けっか》、上杉家《うえすぎけ》は本来《ほんらい》、兼《かね》

(15)社稷《しゃしょく》…国家《こっか》または朝廷《ちょうてい》。

続《つぐ》の領地《りょうち》だった米沢《よねざわ》三十万石《まんごく》に減封《げんぽう》され、領地《りょうち》は大幅《おおはば》に削《けず》られたものの、徳川幕藩体制《とくがわばくはんたいせい》の雄藩《ゆうはん》(16)として生《い》き延《の》び得《え》たのであった。

兼続《かねつぐ》に拝謁《はいえつ》を許《ゆる》した家康《いえやす》は、過《す》ぎし日《ひ》を述懐《じゅっかい》(17)するがごとく、

「寡兵《かへい》(18)を以《もっ》て恐動《きょうどう》せず、功名《こうみょう》を譲《ゆず》りて争進《そうしん》せず、最後《さいご》の必勝《ひっしょう》を期《き》する者《もの》、山城《やましろ》(兼続《かねつぐ》)に非《あら》ざれば為《な》す能《あた》はず」(『直江山城守《なおえやましろのかみ》』福本日南《ふくもとにちなん》著《ちょ》)

と言《い》ったと伝《つた》えられている。よほど、兼続《かねつぐ》の存在《そんざい》を強《つよ》く意識《いしき》していたのであろう。

兼続《かねつぐ》は上杉家《うえすぎけ》の米沢《よねざわ》への移封《いほう》に際《さい》して、新規奉公《しんきほうこう》(19)の牢人《ろうにん》が上杉家《うえすぎけ》を去《さ》るのは追《お》わなかったが、旧来《きゅうらい》の家臣《かしん》は一人《ひとり》として禄《ろく》(20)を離《はな》れさせることなく、全体《ぜんたい》の家禄《かろく》を減俸《げんぽう》(21)し、従前《じゅうぜん》どおり召《め》し抱《かか》えて、ともに苦難《くなん》の移封《いほう》に耐《た》えさせた。

彼《かれ》はまた、生涯《しょうがい》、関ヶ原《せきがはら》の合戦《かっせん》については語《かた》ることなく、ただ一片《いっぺん》の詩《し》を残《のこ》した(原漢文《げんかんぶん》)。

(16)雄藩《ゆうはん》…勢力《せいりょく》の強《つよ》い藩《はん》。
(17)述懐《じゅっかい》…心《こころ》の中《なか》の思《おも》いを述《の》べること。
(18)寡兵《かへい》…少《すく》ない兵《へい》。
(19)新規奉公《しんきほうこう》…新《あたら》しく仕《つか》えること。
(20)禄《ろく》…支給《しきゅう》される給料《きゅうりょう》のこと。
(21)減俸《げんぽう》…給料《きゅうりょう》を減《へ》らすこと。

雪夜炉《せつやろ》を囲《かこ》んで情《じょう》さらに長《なが》し　吟遊《ぎんゆう》あい会《かい》して古今《ここん》を忘《わす》る
江南《こうなん》の良策求《りょうさくもと》むる処無《ところな》くんば　柴火煙中芋《さいかえんちゅういも》を焼《や》くの香《かお》り

雪《ゆき》の夜更《よふ》けに、相許《あいゆる》した詩友《しゆう》と語《かた》り合《あ》っていると、現在《げんざい》の(22)時局《じきょく》などは忘《わす》れてしまって、情緒《じょうちょ》だけがいよいよ深《ふか》くなる思《おも》いだ。自分《じぶん》の抱《いだ》いた(23)回天《かいてん》の大策《たいさく》は用《もち》いられなかったのであるから、もうそうしたことは忘《わす》れてしまおう。そして、この友《とも》と芋《いも》を焼《や》いてその香《かお》りでも楽《たの》しもうではないか——といった意味《いみ》となる。

兼続《かねつぐ》は以降《いこう》、景勝《かげかつ》を補佐《ほさ》して、黙々《もくもく》と領国経営《りょうごくけいえい》の実務《じつむ》に専念《せんねん》した。

「武士《ぶし》の魂《たましい》である刀《かたな》や槍《やり》に錆《さび》がなければ、なんの恥《は》ずべきものがあろうか……」

そう言《い》って、藩財政《はんざいせい》の倹約《けんやく》を旨《むね》とし、多《おお》くの産業《さんぎょう》＝特産物《とくさんぶつ》の生産《せいさん》を奨励《しょうれい》したが、その甲斐《かい》あって米沢藩上杉家《よねざわはんうえすぎけ》の(24)表高《おもてだか》三十万石《まんごく》を、(25)実高《じつだか》五十万石《まんごく》といわれるまでに豊《ゆた》かな藩《はん》となした。

また、他方《たほう》では多額《たがく》の私財《しざい》を投《とう》じて(26)漢籍《かんせき》を収集《しゅうしゅう》し、慶長《けいちょう》十二

(22)時局《じきょく》…その時《とき》の世《よ》の中《なか》の状況《じょうきょう》。
(23)回天《かいてん》…世《よ》の中《なか》の情勢《じょうせい》を一変《いっぺん》させること。
(24)表高《おもてだか》…表向《おもてむ》きの米《こめ》の収穫量《しゅうかくりょう》。
(25)実高《じつだか》…実質上《じっしつじょう》の米《こめ》の収穫量《しゅうかくりょう》。
(26)漢籍《かんせき》…中国《ちゅうごく》の書物《しょもつ》。

（一六〇七）年《ねん》には、『文選《もんぜん》』[27]十巻《かん》を刊行《かんこう》して文化事業《ぶんかじぎょう》に貢献《こうけん》している。

ほかにも『論語《ろんご》』[28]なども出版《しゅっぱん》した。元和《げんな》四（一六一八）年《ねん》、領内《りょうない》に禅林寺《ぜんりんじ》（のち法泉寺《ほうせんじ》）を建立《こんりゅう》し、学僧《がくそう》・九山宗用《きゅうざんそうそう》を招《まね》いて開祖《かいそ》となし、ここを藩《はん》の子弟《してい》の教育施設《きょういくしせつ》として藩学興隆《はんがくこうりゅう》[29]をはかった。

学識《がくしき》において天下《てんか》に隠《かく》れなき藤原惺窩《ふじわらせいか》は、兼続《かねつぐ》の第一印象《だいいちいんしょう》を、「成《な》る程《ほど》、人《ひと》の云《い》ふごとく、一天下《いちてんか》の奸雄《かんゆう》[30]なり。然《しか》しまた器量《きりょう》に至《いた》っては、是亦一天下《これまたいちてんか》の英俊《えいしゅん》[31]なり」と述《の》べている。一方《いっぽう》、上杉家《うえすぎけ》を途中牢人《とちゅうろうにん》した門田造酒之丞《かどたみきのじょう》は、次《つぎ》のように兼続《かねつぐ》について回想《かいそう》した（『常山紀談《じょうざんきだん》』）。

「直江山城守《なおえやましろのかみ》は大男《おおおとこ》にて、百人《ひゃくにん》にもすぐれたるもったい[32]にて、学問《がくもん》・詩歌《しいか》の達者《たっしゃ》、才智《さいち》・武道兼《ぶどうかね》たる兵《つわもの》なり」

さらには、天下《てんか》の政治《せいじ》が任《まか》せられる男《おとこ》だ、とも。

多《おお》くの戦国大名《せんごくだいみょう》が、利害得失《りがいとくしつ》に左右《さゆう》されるなかで、〝義《ぎ》〟〝忠《ちゅう》〟をもって働《はたら》いた武将《ぶしょう》といえば、同時代《どうじだい》、上杉謙信《うえすぎけんしん》・景勝《かげかつ》、石田三成《いしだみつなり》、大谷吉継《おおたによしつぐ》と、この兼続《かねつぐ》ぐらいといっていいのではあるまいか。

(27)文選《もんぜん》…中国《ちゅうごく》の六朝時代《りくちょうじだい》の梁《りょう》の昭明太子《しょうめいたいし》が編纂《へんさん》した詩文《しぶん》集《しゅう》。

(28)論語《ろんご》…中国《ちゅうごく》の春秋時代《しゅんじゅうじだい》の思《し》想家《そうか》・孔子《こうし》と、その弟子《でし》たちの言葉《ことば》と行《おこな》いを記録《きろく》した書物《しょもつ》。

(29)藩学《はんがく》…藩《はん》が藩士《はんし》やその子弟《してい》の教育《きょういく》のために設《もう》けた学問《がくもん》所《じょ》。藩校《はんこう》。

(30)奸雄《かんゆう》…悪知恵《わるぢえ》にたけた英《えい》雄《ゆう》。

(31)英俊《えいしゅん》…才智《さいち》の優《すぐ》れている人《ひと》。

(32)もったい…態度《たいど》などに威厳《いげん》があること。

豆知識《まめちしき》①

直江兼続《なおえかねつぐ》は閻魔大王《えんまだいおう》に手紙《てがみ》を書《か》いた!?

武田家《たけだけ》が滅亡《めつぼう》してのち、〝戦国最強《せんごくさいきょう》〟をうたわれた上杉家《うえすぎけ》が、まだ越後国春日《えちごのくにかすが》山城《やまじょう》（現《げん》・新潟県上越市《にいがたけんじょうえつし》）を居城《きょじょう》としていた頃《ころ》のこと。

上杉家中《うえすぎかちゅう》に、一人《ひとり》の粗忽《そこつ》（そそっかしい）者《もの》があり、ある時《とき》、つまらぬいきがかりで、自分《じぶん》の配下《はいか》の者《もの》（小者《こもの》、あるいは茶坊主《ちゃぼうず》）を無礼《ぶれい》打ちにしてしまった。

この愚《おろ》か者《もの》の名前《なまえ》は、複数伝《ふくすうつた》えられている。おそらく、さほど重要視《じゅうようし》されていなかった人物《じんぶつ》に違《ちが》いない。

しかし、斬《き》り殺《ころ》された者《もの》の遺族《いぞく》、親戚《しんせき》のもはたまらない。家老《かろう》である直江兼続《なおえかねつぐ》のもとに強訴《ごうそ》（集団《しゅうだん》が強《つよ》い態度《たいど》で訴《うった》えること）に及《およ》んだ。思《おも》い切《き》ったことをしたものである。おそらく、兼続《かねつぐ》の気質《きしつ》である〝義《ぎ》〟を好《この》む人柄《ひとがら》が、身分《みぶん》をわきまえぬ駆《か》け込《こ》みを可能《かのう》にさせたのであろう。

兼続《かねつぐ》は、殺《ころ》された者《もの》の遺族《いぞく》、親戚《しんせき》たちの話《はなし》をきちんと聞《き》き、しかし、死《し》んだ者《もの》はどうにもならないから、と白銀《はくぎん》二十枚《まい》（今風《いまふう》にいえば、慰謝料《いしゃりょう》）を与《あた》えて、彼《かれ》らを引《ひ》き取《と》らせようとした。

だが、なかの二、三人《にん》がそれでも、なお納得《なっとく》しない。

「死《し》んだ者《もの》を生《い》き返《かえ》らせてください」

と、さらに無分別《むふんべつ》に迫《せま》った。

兼続《かねつぐ》が僧侶《そうりょ》でもあれば、さらに宥《なだ》めたであろうが、彼《かれ》は戦国乱世《せんごくらんせい》の武士《ぶし》であった。しかも謙信《けんしん》の愛弟子《まなでし》である。

「長高《たけたか》く姿容《しよう》美《うつく》しく、言語清朗《げんごせいろう》なり」

（岡谷繁実《おかのやしげざね》著《ちょ》『名将言行録《めいしょうげんこうろく》』）とある。

加《くわ》えて、その立場《たちば》は上杉軍《うえすぎぐん》の軍配者《ぐんばいしゃ》（軍《ぐん》を指揮《しき》する人《ひと》）の身分《みぶん》であった。

ならば、とすらすらと冥府《めいふ》の閻魔大王《えんまだいおう》宛《あて》に、一筆《いっぴつ》したためた。

「いまだ御意《ぎょい》を得《え》ず候《そうら》え共《ども》、一筆申《いっぴつもう》し入《い》れ候《そうろう》。粗忽者《そこつもの》の召《め》し仕《つか》えの何某《なにがし》、不慮《ふりょ》の儀《ぎ》にて相果《あいは》て候《そうろう》。親類共《しんるいども》、呼《よ》び返《かえ》してくれと申《もう》し候《そうろう》ゆえ、死者《ししゃ》をお返《かえ》しくださるべく候《そうろう》」

そして兼続《かねつぐ》は、

「この手紙《てがみ》を持《も》って向《む》こうへ行《い》き、直接《ちょくせつ》閻魔大王《えんまだいおう》に掛《か》け合《あ》え」

そう言《い》って、生《い》き返《かえ》らせろと迫《せま》っていた人々《ひとびと》の首《くび》を、はねさせたという。

人数《にんずう》は伝承《でんしょう》によって異《こと》なるが、この挿話《そうわ》ほど、直江兼続《なおえかねつぐ》という武将《ぶしょう》を、明解《めいかい》にあらわしたものもあるまい。

豆知識《まめちしき》②

兼続《かねつぐ》と伊達《だて》政宗《まさむね》は犬猿《けんえん》の仲《なか》だった!?

太閤《たいこう》・豊臣秀吉《とよとみひでよし》が存命《ぞんめい》の頃《ころ》のこと。諸侯《しょこう》が秀吉《ひでよし》のもとに集《あつ》まったおり、当時《とうじ》、贈呈用《ぞうていよう》に使《つか》われはじめた黄金《おうごん》＝大判《おおばん》を、〝奥州《おうしゅう》の覇王《はおう》〟伊達政宗《だてまさむね》が懐中《かいちゅう》から取《と》り出《だ》し、得意《とくい》そうに諸侯《しょこう》に見《み》せ、回覧《かいらん》させたことがあった。

この時《とき》、政宗《まさむね》は奥州岩出山城《おうしゅういわでやまじょう》（現《げん》・宮城県大崎市《みやぎけんおおさきし》）に五十八万石《まんごく》を領有《りょうゆう》。

この場《ば》の末席《まっせき》に、兼続《かねつぐ》がいたのだが、政宗《まさむね》は豊臣家《とよとみけ》の直臣《じきしん》ではない兼続《かねつぐ》が、秀吉《ひでよし》にかわいがられて、分不相応《ぶんふそうおう》にここにいるのが癪《しゃく》にさわったのだろう。当《あ》てつけるように言《い》った。

「山城《やましろ》（兼続《かねつぐ》の官名《かんめい》）、そのほうも遠慮《えんりょ》するには及《およ》ばぬ。手《て》に取《と》って大判《おおばん》を見《み》るがいい」

兼続《かねつぐ》は三十万石《まんごく》の領地《りょうち》を出羽国米沢《でわのくによねざわ》に持《も》ってはいたが、上杉景勝《うえすぎかげかつ》という主君《しゅくん》を上《うえ》にいただき、秀吉《ひでよし》からすれば、陪臣《ばいしん》（家臣《かしん》の家臣《かしん》）である。それをあてこすっての政宗《まさむね》の言《げん》であったが、兼続《かねつぐ》はそれには触《ふ》れず、まわってきた黄金《おうごん》を、白扇《はくせん》を開《ひら》いて掬《すく》い上《あ》げると、扇上《せんじょう》でポンポンポンと跳《は》ね上《あ》げ、一向《いっこう》に手《て》に取《と》らない。

居合《いあ》わせた大名《だいみょう》たちは、それを兼続《かねつぐ》の陪臣《ばいしん》ゆえの遠慮《えんりょ》と受《う》け取《と》った。が、視線《しせん》が己《おのれ》に向《む》けられているのを十分《じゅうぶん》に承知《しょうち》したうえで、兼続《かねつぐ》は言《い》った。

「冗談《じょうだん》ではない。それがしは不肖《ふしょう》とはいえ、わが先君不識庵謙信公《せんくんふしきあんけんしんこう》以来《いらい》の、上杉《うえすぎ》の軍配《ぐんばい》を預《あず》かる身《み》の上《うえ》。その采配《さいはい》取《と》る手《て》に、このようなくだらぬものを、触《ふ》れさせる訳《わけ》にはまいるまい」

そしてそのまま、政宗《まさむね》の膝元《ひざもと》へ、扇上《せんじょう》から黄金《おうごん》を放《ほう》り投《な》げたという。

まさか実話《じつわ》とは思《おも》えないが、兼続《かねつぐ》には政宗《まさむね》をはずかしめる話《はなし》が少《すく》なくない。

どこかの城中《じょうちゅう》で政宗《まさむね》とすれ違《ちが》った際《さい》も、兼続《かねつぐ》はあいさつをしなかったという。政宗《まさむね》がそのことを無礼《ぶれい》であろう、と咎《とが》めると、兼続《かねつぐ》はふり返《かえ》りつつ、

「おお、これはこれは。伊達陸奥守様《だてむつのかみさま》ではありませぬか。長年《ながねん》、戦場《せんじょう》ではお目《め》にかかっているものの、いつも後《うし》ろ姿《すがた》ばかりを拝《はい》しており、正面《しょうめん》のお顔《かお》に気《き》がつきませなんだ」

後《うし》ろ姿《すがた》はすなわち、逃《に》げる姿《すがた》のこと。

言《い》われた政宗《まさむね》は赤面《せきめん》しつつ、沈黙《ちんもく》したという。

豆知識《まめちしき》③

兼続《かねつぐ》の恩人《おんじん》・綾姫《あやひめ》の生涯《しょうがい》とは!?

兼続《かねつぐ》の出世《しゅっせ》には、主君《しゅくん》・上杉景勝《うえすぎかげかつ》の母《はは》・綾姫《あやひめ》（のち仙桃院《せんとういん》）の引《ひ》き立《た》てがあった、との説《せつ》がある。

上杉謙信《うえすぎけんしん》の二歳《さい》、あるいは六歳年上《さいとしうえ》といわれる姉《あね》・綾姫《あやひめ》は、越後守護代《えちごしゅごだい》・長尾《ながお》為景《ためかげ》の子《こ》として生《う》まれた。内乱状態《ないらんじょうたい》にあった越後国《えちごのくに》は、天文《てんぶん》二十（一五五一）年《ね》八月《がつ》、景虎《かげとら》と名乗《なの》っていた謙信《けんしん》が兄《あに》・長尾晴景《ながおはるかげ》に代《か》わって、叛旗《はんき》を翻《ひるがえ》した一族《いちぞく》の、長尾政景《ながおまさかげ》を降参《こうさん》させたことで、混乱《こんらん》に終止符《しゅうしふ》を打《う》った。この時《とき》、政景《まさかげ》のもとへ嫁《とつ》がされたのが綾姫《あやひめ》であった。

この夫婦《ふうふ》は仲《なか》が良《よ》く、綾姫《あやひめ》は長男《ちょうなん》の義《よし》景《かげ》（十歳《さい》で早世《そうせい》）、次男《じなん》の景勝《かげかつ》（当時《とうじ》は喜平次顕景《きへいじあきかげ》）、加《くわ》えて、のちに華渓院《かけいいん》、仙洞院《せんどういん》と称《しょう》する二人《ふたり》の娘《むすめ》を産《う》んでいる。

綾姫《あやひめ》は夫《おっと》の政景《まさかげ》を支《ささ》えるとともに、江《え》戸時代《どじだい》の元禄《げんろく》十一（一六九八）年《ねん》に書《か》かれた『北越軍談《ほくえつぐんだん》』（駒谷散人郁《こまがやさんじんいく》）に拠《よ》れば、樋口与六《ひぐちよろく》を最初《さいしょ》に見出《みいだ》し、わが子《こ》の景勝《かげかつ》の近習《きんじゅ》に推挙《すいきょ》した人物《じんぶつ》として語《かた》られていた。

綾姫《あやひめ》の夫《おっと》・政景《まさかげ》は、永禄《えいろく》七（一五六四）年《ねん》七月《がつ》、琵琶島城《びわじまじょう》（現《げん》・新潟県柏崎《にいがたけんかしわざき》市《し》）の城主《じょうしゅ》・宇佐美定満《うさみさだみつ》（定行《さだゆき》、良勝《よしかつ》とも）と船遊《ふなあそ》びをしていて、ともに溺死《できし》してしまう。政景《まさかげ》はこの年《とし》、三十九歳《さい》。

謙信《けんしん》はこの直後《ちょくご》、己《おのれ》の養子《ようし》として幼《おさな》い景勝《かげかつ》を春日山城《かすがやまじょう》へ迎《むか》え入《い》れている。

これに従《したが》うようにして、仙桃院《せんとういん》と号《ごう》した綾姫《あやひめ》、若《わか》き日《ひ》の兼続《かねつぐ》＝樋口与六《ひぐちよろく》も、謙《けん》信《しん》の拠《よ》る春日山城《かすがやまじょう》へ入城《にゅうじょう》した。

仙桃院《せんとういん》は景勝《かげかつ》のいる「中城《ちゅうじょう》」ではなく、「二の曲輪《くるわ》」に居住《きょじゅう》していた。

この曲輪《くるわ》には、謙信《けんしん》のもう一人《ひとり》の養《よう》子《し》・景虎《かげとら》（北条氏康《ほうじょううじやす》の七男《なん》）も住《す》んでおり、謙信《けんしん》が景勝《かげかつ》の姉《あね》である華渓院《かけいいん》と、この景虎《かげとら》を娶《めあ》わせたことから、仙桃院《せんとういん》は娘《むすめ》夫婦《ふうふ》と一緒《いっしょ》に暮《く》らすことになった。

彼女《かのじょ》は、自《みずか》らの息子《むすこ》・景勝《かげかつ》と、娘婿《むすめむこ》の景虎《かげとら》が兄弟相争《きょうだいあいあらそ》った「御館《おたて》の乱《らん》」後《ご》は、常《つね》にわが子《こ》・景勝《かげかつ》とともにあり、会津《あいづ》（百《ひゃく》二十万石《まんごく》）への移封《いほう》でも何《なに》かと景勝《かげかつ》を支《ささ》え、出羽米沢《でわよねざわ》（三十万石《まんごく》）への減《げん》・転封《てんぽう》にも行動《こうどう》をともにしていた。

彼女《かのじょ》がこの世《よ》を去《さ》るのは、慶長《けいちょう》十四（一六〇九）年《ねん》二月《がつ》十五日《にち》、享年《きょうねん》は八十二とも。もし、この仙桃院《せんとういん》がいなければ、兼続《かねつぐ》の栄達《えいたつ》もなかったかもしれない。

年表《ねんぴょう》

永禄《えいろく》三（1560）年《ねん》

この年《とし》、樋口《ひぐち》（のち直江《なおえ》）兼続《かねつぐ》、越後国坂戸城《えちごのくにさかどじょう》（現《げん》・新《にい》潟県南魚沼市《がたけんみなみうおぬまし》）城主《じょうしゅ》・長尾政景《ながおまさかげ》の家臣《かしん》であった樋口惣《ひぐちそう》右衛門兼豊《えもんかねとよ》の嫡男《ちゃくなん》として、坂戸城下《さかどじょうか》に生《う》まれたという。幼名《ようみょう》は、与六《よろく》。この時《とき》、のちの主君《しゅくん》・上杉景勝《うえすぎかげかつ》（通称《つうしょう》は喜平次《きへいじ》）は六歳《さい》。

永禄《えいろく》四（1561）年《ねん》

閏《うるう》三月《がつ》十六日《にち》、上杉謙信《うえすぎけんしん》（当時《とうじ》は長尾景虎《ながおかげとら》）、関東管《かんとうかん》領《れい》・上杉憲政《うえすぎのりまさ》から山内上杉家《やまのうちうえすぎけ》の家督《かとく》と関東管領職《かんとうかんれいしょく》を譲《ゆず》られ、上杉政虎《うえすぎまさとら》を名乗《なの》る（のち輝虎《てるとら》に改名《かいめい》）。九月《がつ》、謙信《けんしん》、信濃国川中島《しなののくにかわなかじま》（現《げん》・長野県長野市《ながのけんながのし》）で武《たけ》田信玄《だしんげん》と激戦《げきせん》を演《えん》じる（第四次川中島《だいじかわなかじま》の合戦《かっせん》）。

永禄《えいろく》七（1564）年《ねん》

七月五日《がついつか》、景勝《かげかつ》の父《ちち》・長尾政景《ながおまさかげ》が野尻池《のじりいけ》（伝《でん》・新潟県《にいがたけん》南魚沼市《みなみうおぬまし》）にて、謙信《けんしん》の家臣《かしん》・宇佐美定満《うさみさだみつ》と溺死《できし》。享《きょう》年《ねん》、三十九と伝《つた》わる。

この年《とし》、謙信《けんしん》、長尾政景《ながおまさかげ》の子《こ》・景勝《かげかつ》（当時《とうじ》は喜平次《きへいじ》）を養子《ようし》として顕景《あきかげ》を名乗《なの》らせ、越後国春日山城《えちごのくにかすがやまじょう》（現《げん》・新《にい》潟県上越市《がたけんじょうえつし》）へ迎《むか》え入《い》れる。兼続《かねつぐ》もこれに従《したが》ったとされる。

永禄《えいろく》十三（1570）年《ねん》

※四月《がつ》二十三日《にち》、元亀《げんき》へ改元《かいげん》。

三月《がつ》、謙信《けんしん》、北条氏康《ほうじょううじやす》の七男《なん》・三郎氏秀《さぶろううじひで》（のち景虎《かげとら》）を養子《ようし》とする。

天正《てんしょう》三（1575）年《ねん》

正月《しょうがつ》、謙信《けんしん》、養子《ようし》・喜平次顕景《きへいじあきかげ》を景勝《かげかつ》と改名《かいめい》させ、上《うえ》杉弾正少弼《すぎだんじょうしょうひつ》を名乗《なの》らせる。

天正《てんしょう》五（1577）年《ねん》

四月五日《がついつか》、謙信《けんしん》の重臣《じゅうしん》・直江景綱《なおえかげつな》が死去《しきょ》。享年《きょうねん》、六十九とも、七十余歳《よさい》とも伝《つた》わる。

天正《てんしょう》六（1578）年《ねん》

三月《がつ》十三日《にち》、謙信《けんしん》、春日山城《かすがやまじょう》で死去《しきょ》。享年《きょうねん》、四十九。

五月《がつ》、謙信亡《けんしんな》きあとの家督《かとく》をめぐって、養子《ようし》である景勝《かげかつ》と景虎《かげとら》との間《あいだ》に、御館《おたて》の乱《らん》が勃発《ぼっぱつ》する。

天正《てんしょう》七（1579）年《ねん》

三月《がつ》二十四日《にじゅうよっか》、景虎《かげとら》、越後国鮫ケ尾城《えちごのくにさめがおじょう》（現《げん》・新潟県《にいがたけん》妙《みょう》高市《こうし》）に追《お》いつめられ自刃《じじん》（享年《きょうねん》、二十六、または二十七と伝《つた》わる）、景勝《かげかつ》が御館《おたて》の乱《らん》に勝利《しょうり》する。

天正《てんしょう》九（1581）年《ねん》

六月《がつ》、新発田重家《しばたしげいえ》、景勝《かげかつ》に背《そむ》く（新発田重家《しばたしげいえ》の乱《らん》）。
九月《がつ》、直江景綱《なおえかげつな》の後継者《こうけいしゃ》・信綱《のぶつな》（婿養子《むこようし》）、毛利秀広《もうりひでひろ》により殺《ころ》される。享年《きょうねん》は不詳《ふしょう》。
十月《がつ》、兼続《かねつぐ》、直江信綱《なおえのぶつな》の未亡人《みぼうじん》・お船《せん》（景綱《かげつな》の娘《むすめ》）と結婚《けっこん》し、直江家《なおえけ》を継《つ》ぐ。

天正《てんしょう》十一（1583）年《ねん》

二月《がつ》、景勝《かげかつ》、敵方《てきがた》・織田信長《おだのぶなが》の死後《しご》、旧臣《きゅうしん》の中《なか》から台《たい》頭《とう》した羽柴《はしば》（のち豊臣《とよとみ》）秀吉《ひでよし》と和睦《わぼく》する。
この年《とし》、兼続《かねつぐ》、山城守《やましろのかみ》を称《しょう》する。

天正《てんしょう》十三（1585）年《ねん》

この年《とし》、景勝《かげかつ》・兼続主従《かねつぐしゅじゅう》、越後国落水《えちごのくにおちりみず》（現《げん》・新潟県糸《にいがたけんいと》魚川市《いがわし》）で、秀吉《ひでよし》との間《あいだ》に会談《かいだん》を持《も》ったという。

天正《てんしょう》十四（1586）年《ねん》

六月《がつ》、景勝《かげかつ》、石田三成《いしだみつなり》の勧告《かんこく》により上洛《じょうらく》し、正式《せいしき》に秀吉《ひでよし》へ臣下《しんか》の礼《れい》をとる。

天正《てんしょう》十五（1587）年《ねん》

十月《がつ》二十五日《にち》、景勝《かげかつ》・兼続主従《かねつぐしゅじゅう》、越後国新発田城《えちごのくにしばたじょう》（現《げん》・新潟県新発田市《にいがたけんしばたし》）を攻略《こうりゃく》。新発田重家《しばたしげいえ》は自刃《じじん》。享《きょう》年《ねん》は不詳《ふしょう》。

天正《てんしょう》十六（1588）年《ねん》

四月《がつ》、兼続《かねつぐ》、景勝《かげかつ》に従《したが》って上洛《じょうらく》する。
五月《がつ》、景勝《かげかつ》、従三位《じゅさんみ》に叙《じょ》せられる。
八月《がつ》、兼続《かねつぐ》、従五位下《じゅごいのげ》を賜《たまわ》り、豊臣姓《とよとみせい》を許《ゆる》される。この上洛中《じょうらくちゅう》、兼続《かねつぐ》、妙心寺《みょうしんじ》（現《げん》・京都府京都市右京区《きょうとふきょうとしうきょうく》）住《じゅう》持《じ》の南化玄興《なんかげんこう》より『古文真宝抄《こぶんしんほうしょう》』二十三巻《かん》を借《か》りて写《うつ》す。
同月下旬《どうげつげじゅん》、兼続《かねつぐ》、景勝《かげかつ》に従《したが》って越後《えちご》へ帰国《きこく》する。

天正《てんしょう》十七（1589）年《ねん》

六月《がつ》、景勝《かげかつ》、佐渡国《さどのくに》（現《げん》・新潟県佐渡市《にいがたけんさどし》）を平定《へいてい》する。

天正《てんしょう》十八（1590）年《ねん》

三月《がつ》、兼続《かねつぐ》、景勝《かげかつ》に従《したが》って、秀吉《ひでよし》の小田原征討《おだわらせいとう》に出陣《しゅつじん》する。

天正《てんしょう》十九（1591）年《ねん》

七月《がつ》、景勝《かげかつ》、出羽国庄内《でわのくにしょうない》（現《げん》・山形県《やまがたけん》の日本海沿岸地域《にほんかいえんがんちいき》）の三郡《ぐん》を領地《りょうち》に組《く》み込《こ》む。

天正《てんしょう》二十（1592）年《ねん》
※十二月八日《がつようか》、文禄《ぶんろく》へ改元《かいげん》。

三月《がつ》、兼続《かねつぐ》、朝鮮出兵《ちょうせんしゅっぺい》のため景勝《かげかつ》に従《したが》い、兵《へい》五千《せん》を率《ひき》いて春日山城《かすがやまじょう》を出発《しゅっぱつ》する。
六月《がつ》、景勝《かげかつ》・兼続主従《かねつぐしゅじゅう》、肥前国名護屋城《ひぜんのくになごやじょう》（現《げん》・佐賀県《さがけん》唐津市《からつし》）を出発《しゅっぱつ》して朝鮮《ちょうせん》へ渡《わた》り、釜山浦《ふさんほ》（現《げん》・大韓民国《だいかんみんこく》釜山広域市《プサンこういきし》）に到着《とうちゃく》する（文禄《ぶんろく》の役《えき》）。

文禄《ぶんろく》二（1593）年《ねん》

九月《がつ》、景勝《かげかつ》・兼続主従《かねつぐしゅじゅう》、名護屋《なごや》へ帰陣《きじん》する。

文禄《ぶんろく》三（1594）年《ねん》

八月《がつ》十八日《にち》、景勝《かげかつ》、従三位権中納言《じゅさんみごんのちゅうなごん》に叙任《じょにん》される。

この年《とし》、兼続《かねつぐ》の嫡男《ちゃくなん》・景明《かげあき》（幼名《ようみょう》は、竹松《たけまつ》）が生《う》まれる。

文禄《ぶんろく》四（1595）年《ねん》

十二月《がつ》、兼続《かねつぐ》、南化玄興《なんかげんこう》より『漢書《かんじょ》』十二巻《かん》を贈《おく》られる。

この年《とし》、景勝《かげかつ》、五大老《ごたいろう》に就任《しゅうにん》する。

慶長《けいちょう》二（1597）年《ねん》

正月《しょうがつ》、兼続《かねつぐ》、越後《えちご》の人夫《にんぷ》四千人《せんにん》を使《つか》い、山城国伏見城《やましろのくにふしみじょう》（現《げん》・京都府京都市伏見区《きょうとふきょうとしふしみく》）を改築《かいちく》する。

慶長《けいちょう》三（1598）年《ねん》

正月《しょうがつ》、景勝《かげかつ》、秀吉《ひでよし》から陸奥国鶴ヶ城《むつのくにつるがじょう》（会津若松城《あいづわかまつじょう》〈現《げん》・福島県会津若松市《ふくしまけんあいづわかまつし》〉）百《ひゃく》二十万石《まんごく》への移封《いほう》を命《めい》ぜられ、兼続《かねつぐ》は出羽国米沢城《でわのくによねざわじょう》（現《げん》・山形県米沢市《やまがたけんよねざわし》）三十万《まん》石《ごく》を与《あた》えられる。

慶長《けいちょう》四（1599）年《ねん》

八月《がつ》、景勝《かげかつ》・兼続主従《かねつぐしゅじゅう》、前後《ぜんご》して伏見《ふしみ》を出発《しゅっぱつ》し、会津《あいづ》へ帰国《きこく》する。

慶長《けいちょう》五（1600）年《ねん》

二月《がつ》、景勝《かげかつ》、会津《あいづ》に神指城《こうざしじょう》（現《げん》・福島県会津若松市《ふくしまけんあいづわかまつし》）を起工《きこう》する。

三月《がつ》、越後国主《えちごこくしゅ》・堀秀治《ほりひではる》の家老《かろう》・堀直政《ほりなおまさ》、徳川家康《とくがわいえやす》に上杉《うえすぎ》の謀叛《むほん》を密告《みっこく》する。

四月《がつ》、相国寺《しょうこくじ》（現《げん》・京都府京都市上京区《きょうとふきょうとしかみぎょうく》）住持《じゅうじ》の西笑承兌《せいしょうじょうたい》、兼続《かねつぐ》へ上洛勧告書《じょうらくかんこくしょ》を送《おく》る。

同月十四日《どうげつじゅうよっか》、兼続《かねつぐ》が「直江状《なおえじょう》」を家康《いえやす》に送《おく》り、上洛拒否《じょうらくきょひ》を表明《ひょうめい》したと伝《つた》わる。

七月二十四日《がつにじゅうよっか》、上杉方《うえすぎがた》の陸奥国白石城《むつのくにしろいしじょう》（現《げん》・宮城県白石市《みやぎけんしろいしし》）が、伊達政宗《だてまさむね》によって奪《うば》われる。

九月九日《がつここのか》、兼続《かねつぐ》、出羽国山形城《でわのくにやまがたじょう》（現《げん》・山形県山形市《やまがたけんやまがたし》）城主《じょうしゅ》・最上義光征討《もがみよしあきせいとう》のため、米沢《よねざわ》を出発《しゅっぱつ》する。

同月十四日《どうげつじゅうよっか》、上杉軍《うえすぎぐん》、出羽国上之山《でわのくにかみのやま》（現《げん》・山形県上山市《やまがたけんかみのやまし》）・長谷堂《はせどう》（現《げん》・山形県山形市《やまがたけんやまがたし》）の両城《りょうじょう》を攻撃《こうげき》する。

同月《どうげつ》二十九日《にち》、関ケ原《せきがはら》の合戦《かっせん》での西軍敗戦《せいぐんはいせん》が米沢《よねざわ》に伝《つた》わる。

十月一日《がつついたち》、兼続《かねつぐ》、関ケ原《せきがはら》の合戦《かっせん》での西軍敗戦《せいぐんはいせん》を受《う》け、最《も》上領《がみりょう》から撤兵《てっぺい》する。

十二月《がつ》二十二日《にち》、上杉《うえすぎ》からの和睦交渉《わぼくこうしょう》のため、家臣《かしん》・本《ほん》庄繁長《じょうしげなが》が上洛《じょうらく》する。

慶長《けいちょう》六（1601）年《ねん》

七月《がつ》一日《ついたち》、兼続《かねつぐ》、景勝《かげかつ》に従《したが》って鶴ケ城《つるがじょう》を出発《しゅっぱつ》する。

同月《どうげつ》二十四日《にじゅうよっか》、景勝《かげかつ》・兼続主従《かねつぐしゅじゅう》、伏見《ふしみ》の上杉屋敷《うえすぎやしき》に到着《とうちゃく》する。

同月《どうげつ》、家康《いえやす》の家臣《かしん》・本多正信《ほんだまさのぶ》や家康《いえやす》の次男《じなん》・結城秀康《ゆうきひでやす》を頼《たよ》って、家康《いえやす》に謝罪《しゃざい》する。

八月《がつ》、景勝《かげかつ》、米沢《よねざわ》三十万石《まんごく》に減封《げんぽう》・移封《いほう》を命《めい》じられる。

十一月《がつ》、景勝《かげかつ》、六千人《せんにん》の家臣《かしん》を連《つ》れ、米沢城《よねざわじょう》に入《はい》る。

慶長《けいちょう》七（1602）年《ねん》

九月《がつ》十二日《にち》、兼続《かねつぐ》の父《ちち》・樋口兼豊《ひぐちかねとよ》が死去《しきょ》。享年《きょうねん》は不詳《ふしょう》。

慶長《けいちょう》九（1604）年《ねん》

閏《うるう》八月《がつ》、兼続《かねつぐ》、本多正信《ほんだまさのぶ》の次男《じなん》・政重《まさしげ》と娘《むすめ》を結婚《けっこん》させ、婿養子《むこようし》とする。景勝《かげかつ》は政重《まさしげ》に偏諱《へんき》を与《あた》え、勝吉《かつよし》を名《な》乗《の》らせる。

慶長《けいちょう》十四（1609）年《ねん》

二月《がつ》十五日《にち》、景勝《かげかつ》の母《はは》・仙桃院《せんとういん》が死去《しきょ》。享年《きょうねん》、八十二とも。

十二月《がつ》、兼続《かねつぐ》の長男《ちょうなん》・景明《かげあき》、本多正信《ほんだまさのぶ》の媒酌《ばいしゃく》で、家康《いえやす》の家臣《かしん》・戸田氏鉄《とだうじかね》の娘《むすめ》と結婚《けっこん》する。

慶長《けいちょう》十六（1611）年《ねん》

夏《なつ》、兼続《かねつぐ》の養嗣子《ようしし》・勝吉《かつよし》、本多正信《ほんだまさのぶ》のもとへ帰《かえ》る。ついで勝吉《かつよし》、名《な》を本多安房守政重《ほんだあわのかみまさしげ》と改《あらた》め、加賀《かが》（現《げん》・石川《いしかわ》県南部《けんなんぶ》）藩主《はんしゅ》・前田利光《まえだとしみつ》（のち利常《としつね》）に仕《つか》える。

慶長《けいちょう》十九（1614）年《ねん》

十月《がつ》十六日《にち》、兼続《かねつぐ》、大坂攻《おおさかぜ》めのため米沢《よねざわ》を出発《しゅっぱつ》する（大坂冬《おおさかふゆ》の陣《じん》）。

十一月《がつ》二十六日《にち》、兼続《かねつぐ》、鴫野口《しぎのぐち》（現《げん》・大阪府大阪市《おおさかふおおさかし》）の合戦《かっせん》で、大坂方《おおさかがた》の後藤又兵衛《ごとうまたべえ》隊《たい》を破《やぶ》る。

慶長《けいちょう》二十（1615）年《ねん》

※七月《がつ》十三日《にち》に元和《げんな》へ改元《かいげん》。

二月《がつ》二十九日《にち》、兼続《かねつぐ》、景勝《かげかつ》とともに米沢《よねざわ》に帰《かえ》る。

四月《がつ》、景勝《かげかつ》・兼続主従《かねつぐしゅじゅう》、ふたたび大坂攻《おおさかぜ》めのため、米沢《よねざわ》を出発《しゅっぱつ》し、大坂《おおさか》に着陣《ちゃくじん》する（大坂夏《おおさかなつ》の陣《じん》）。

五月《がつ》、大坂城《おおさかじょう》が落城《らくじょう》。豊臣家《とよとみけ》が滅《ほろ》ぶ。

七月《がつ》十二日《にち》、兼続《かねつぐ》の嫡男《ちゃくなん》・景明《かげあき》が死去《しきょ》。享年《きょうねん》、二十二。

元和《げんな》五（1619）年《ねん》

十二月《がつ》十九日《にち》、兼続《かねつぐ》、江戸鱗屋敷《えどうろこやしき》（現《げん》・東京都千代田区《とうきょうとちよだく》）にて死去《しきょ》。享年《きょうねん》、六十。

元和《げんな》九（1623）年《ねん》

三月《がつ》二十日《はつか》、景勝《かげかつ》、米沢《よねざわ》にて死去《しきょ》。享年《きょうねん》、六十九。

参考文献《さんこうぶんけん》

家康が最も恐れた男 直江兼続と関ヶ原の義将たち　加来耕三著　グラフ社
加来耕三の戦国武将ここ一番の決断 歴史に学ぶ、ビジネス社会の教訓集　加来耕三著　滋慶出版／つちや書店
名家老たちの危機の戦略戦術 戦い・内紛・財政破綻の秘策　加来耕三著　さくら舎
現代語訳　名将言行録〈智将編〉　加来耕三編訳　新人物往来社
ポプラポケット文庫　直江兼続　加来耕三著　ポプラ社
人物文庫　関ヶ原大戦　加来耕三著　学陽書房
講談社文庫　直江兼続と関ヶ原の戦いの謎〈徹底検証〉　加来耕三著　講談社
新・歴史群像シリーズ 17　直江兼続 天下人に挑み続けた名参謀　学研プラス
CG 日本史シリーズ 13　直江兼続と上杉軍団　双葉社

著者略歴

加来耕三：企画・構成・監修

歴史家・作家。1958 年、大阪府大阪市生まれ。1981 年、奈良大学文学部史学科卒業。主な著書に、『卑弥呼のサラダ 水戸黄門のラーメン 「食」から読みとく日本史』『財閥を築いた男たち』『徳川三代記』『if の日本史「もしも」で見えてくる、歴史の可能性』（すべてポプラ社）、『歴史に学ぶ自己再生の理論』（論創社）、『うわさの日本史』（日本放送出版協会）、『誰が、なぜ？　加来耕三のまさかの日本史』（さくら舎）など多数あるほか、「コミック版 日本の歴史シリーズ」（ポプラ社）の企画・構成・監修やテレビ・ラジオ番組の監修・出演も行う。

安戸ひろみ：原作

作家。島根県安来市生まれ。幼い頃より神社仏閣に興味を持ち、高じて会社勤めを辞め、執筆の世界へ。神社検定１級、江戸文化歴史検定準１級に合格。『そのときどうした !?　クイズ歴史英雄伝4 戦国武将列伝』（ポプラ社）の執筆に参加。著作には『コミック版 日本の歴史㊿ 戦国人物伝 真田昌幸』（ポプラ社）、『はじめての御朱印ガイド』（監修・八木透／宝島社）がある。また、諸葛孔明が使っていたとされる占いを学び、東洋占術家としてもアドバイスを行っている。

中島健志：作画

福岡県福岡市生まれ。九州産業大学卒業。1988 年、『コミックアフタヌーン３月号』（講談社）にて漫画家デビュー。2011 年より（株）クエスティオの役員を務める傍ら、児童向け科学実験集のイラストなどを手がける。主な作品に「コミック版 日本の歴史シリーズ」（ポプラ社）、『くまもとの歴史① 加藤清正と小西行長 前編』『くまもとの歴史② 加藤清正と小西行長 後編』（ともに熊本県教科書供給所）、電子書籍『短編作品集１戦国時代』『短編作品集２近代』（楽天 Kobo、Kindle、iBooks）などがある。

コミック版 日本の歴史51
戦国人物伝
直江兼続

2016年5月　第1刷
2016年6月　第2刷

企画・構成・監修　加来耕三《かくこうぞう》
原　　　作　安戸《あんこ》ひろみ
作　　　画　中島健志《なかしまたけし》

カバーデザイン　竹内亮輔＋梅田裕一〔crazy force〕

発　行　者　長谷川 均
編　　　集　大塚訓章
発　行　所　株式会社ポプラ社
〒160-8565　東京都新宿区大京町22-1
振　　　替　00140-3-149271
☎03-3357-2216（編集）☎03-3357-2212（営業）
URL　http://www.poplar.co.jp
印　刷　所　今井印刷株式会社
製　本　所　島田製本株式会社
電 植 製 版　株式会社オノ・エーワン

ISBN978-4-591-15008-5 N.D.C.289 127p 22cm　Printed in Japan